Schokolade

Schokolade

Verführung pur

Parragon

Bath • New York • Cologne • Melbourne • Delhi
Hong Kong • Shenzhen • Singapore • Amsterdam

This edition published by Parragon Books Ltd

Parragon Books Ltd
Chartist House
15–17 Trim Street
Bath BA1 1HA, UK
www.parragon.com

Neue Rezepte: Mima Sinclair
Neue Fotografien: Mike Cooper
Neue Ernährungsberatung: Lincoln Jefferson
Einleitung und Einführungstexte: Christine McFadden
Layout: Bethan Kalynka

Realisation der deutschen Ausgabe: trans texas publishing services GmbH, Köln
Übersetzung: Lisa Voges, Köln
Redaktion und Satz: lesezeichen Verlagsdienste, Köln

ISBN 978-1-4748-1059-3
Printed in China

HINWEIS
Sind Zutaten in Löffeln angegeben, ist immer ein gestrichener Löffel gemeint: Ein Teelöffel entspricht 5 ml, ein Esslöffel 15 ml. Sofern nicht anders angegeben, wird Vollmilch (3,5 % Fett) verwendet. Eier und einzelne Gemüsestücke sind von mittlerer Größe. Pfeffer wird grundsätzlich frisch gemahlen verwendet. Wurzelgemüse sollte vor der Weiterverarbeitung geschält werden.
Garnierungen, Dekorationen und Serviervorschläge sind kein fester Bestandteil der Rezepte und daher nicht unbedingt in der Zutatenliste oder Zubereitung aufgeführt. Die angegebenen Zeiten können von den tatsächlichen abweichen, da je nach Zubereitungsmethode und vorhandenem Herdtyp Schwankungen auftreten.
Kinder, ältere Menschen, Schwangere, Kranke und Rekonvaleszenten sollten auf Gerichte mit rohen oder nur leicht gegarten Eiern verzichten. Schwangere und stillende Frauen sollten den Verzehr von Erdnüssen oder erdnusshaltigen Zubereitungen vermeiden. Allergiker sollten bedenken, dass in allen in diesem Buch verwendeten Fertigprodukten Spuren von Nüssen enthalten sein könnten. Bitte lesen Sie in jedem Fall zuvor die Verpackungsangaben.

Inhalt

Speise der Götter

Viele sind sich gar nicht bewusst, dass Schokolade, die vermutlich beliebteste, süchtig machendste Süßigkeit überhaupt, aus den Samenfrüchten des Kakaobaums gewonnen wird. Sein botanischer Name *Theobroma cacao* leitet sich aus dem Griechischen ab und bedeutet „Götterspeise".

Bei Schokolade denken wir heute in erster Linie an Tafelschokolade. Allerdings wurde sie über viele Jahrhunderte nicht in fester Form dargeboten, sondern als Getränk zubereitet. Wie und wann kam es also dazu, dass die Kakaobohne erst zu einem Getränk und dann zu festen Formen verarbeitet wurde?

Von der Kakaobohne zum Getränk

Auf seiner Suche nach einer Handelsroute zu den Gewürzinseln in Asien entdeckte der Seefahrer Christoph Kolumbus im frühen 16. Jahrhundert Zentralamerika und dort auch die Kakaobohne. Für die Azteken barg die Kakaobohne magische Kräfte und sie verwendeten sie wie eine Währung. Die Legende besagt, dass die Azteken einen Sack ihrer kostbaren Bohnen gegen einige Waren, die Kolumbus mitführte, tauschten. Auch boten sie dem Seefahrer ihr spezielles Getränk aus zerstoßenen Kakaobohnen, Chilis und Maismehl an. Doch Kolumbus fand das Getränk eher ungenießbar, und so brachte er, noch nichts vom zukünftigen wirtschaftlichen Wert der Bohnen ahnend, einige Kakaobohnen vermutlich aus reiner Neugier mit nach Spanien.

Etwa 20 Jahre später betrat der spanische Eroberer Hernan Cortés amerikanischen Boden. Anders als Kolumbus erkannte er das unglaubliche Potenzial der Kakaobohne, und auch er brachte Kakaobohnen zusammen mit einem Rezept für *xocolatl*, das Schokoladengetränk der Azteken, nach Europa. Cortés vermutete richtig, dass der spanische Adel sich dafür interessierte. Bald machten die spanischen Konquistadoren große Gewinne mit Kakaoplantagen in Mittelamerika und in anderen Regionen, und ihr Vermögen wuchs buchstäblich an Bäumen.

Schokolade erobert die Welt

Im Jahr 1580 entstand in Spanien die erste Manufaktur für Schokolade. Von dort aus trat die Schokolade ihren Siegeszug an, denn die Leidenschaft für den Schokoladentrunk erfasste schnell ganz Europa und in der Folge auch den Rest der Welt.

Zucker und Gewürze

Im späten 16. Jahrhundert wurde die Schokoladenverarbeitung weiterentwickelt und das Schokoladengetränk weiter verfeinert. Zucker, damals eine neuartige Zutat, und exotisch duftende Gewürze wie Zimt, Vanille und Muskat, wurden den gerösteten, gemahlenen Bohnen beigefügt. Die Mischung wurde nochmals zu einer feinen Paste vermahlen und zu kleinen Blöcken gepresst, die zur Herstellung des Getränks verwendet wurden, so wie es auch heute noch in Spanien und Mexiko gehandhabt wird.

Vom Getränk zur Schokoladentafel

Die frühen Schokoladenhersteller entdeckten, dass Kakao auch ein Fett enthält, das in unappetitlichen, fettigen Blasen auf der Oberfläche des Getränks schwamm. Ein holländischer Chemiker fand schließlich heraus, wie sich das Problem erfolgreich beseitigen ließ, und entwickelte ein hydraulisches Pressverfahren zur Abspaltung der Kakaobutter.

Nun ergab sich aber eine weitere Frage: Was sollte man mit der Kakaobutter anfangen? Auch dafür wurde eine Lösung gefunden. Die geschmolzene Kakaobutter wurde mit gemahlenen Kakaobohnen und Zucker zu einer glatten Paste vermischt, die flüssig genug war, um in Formen gegossen zu werden. Von da an konnte man Schokolade auch in fester Form genießen.

Anbau, Ernte
und Verarbeitung

Kakaobäume gedeihen nur in den tropischen Regionen zwischen den zehn Breitengraden nördlich und südlich des Äquators. Die Elfenbeinküste, Ghana und Indonesien sind die weltgrößten Kakaoproduzenten, gefolgt von Kamerun, Nigeria, Brasilien, Ecuador, der Dominikanischen Republik, Malaysia und Togo.

Die länglichen Früchte des Kakaobaums wachsen direkt am Baumstamm oder an den Ästen. Sie sind etwa 20 cm lang und leuchten, je nach Reifegrad, in Grün, Rot, Violett, Gelb oder Orange. Die wertvollen Samen, die Kakaobohnen, sind in ein süßes, helles Fruchtfleisch eingebettet.

Sorten und Aromen

Man unterscheidet im Wesentlichen drei Kakaosorten:

Criollo: Wird heute fast nicht mehr angebaut. Die feinste, teuerste und meistgesuchte Kakaosorte mit außergewöhnlichem Geschmack und Aroma.

Forasterio: Macht den größten Teil der Weltproduktion aus. Eine robuste Sorte mit kräftigen Aromen und bitterer im Geschmack als Criollo. Wird hauptsächlich mit anderen Bohnensorten gemischt.

Trinitario: Im 18. Jahrhundert in Trinidad gezüchtet, Kreuzung aus Criollo und Forasterio. Ausgewogene Aromen aus robuster Forasterio und feiner Criollo.

Verarbeitung

Die Kakaoverarbeitung von der Bohne bis zur Luxusschokolade erfordert Fachkenntnisse und Erfahrung, sowohl vom Kakaoanbauer als auch vom Schokoladenhersteller.

Der Prozess beginnt mit der Ernte der reifen Früchte. Sie werden von den Bäumen geschnitten und bis zu zehn Tage liegen gelassen, bevor sie aufgeschlagen und die Bohnen samt umgebendem Fruchtfleisch herausgelöst werden.

Es folgt die überaus wichtige Fermentation, die entscheidend für die Geschmacksentwicklung und das Aroma der Kakaobohnen ist. Dafür werden die Bohnen, noch eingebettet im Fruchtfleisch, auf Holzgestellen oder auf Bananenblättern ausgebreitet, abgedeckt und weitere sechs bis sieben Tage liegen gelassen, damit Mikroorganismen ihre Arbeit leisten können. Bei der Fermentation werden die Bohnen dunkel und das wunderbare Kakaoaroma entwickelt sich.

Anschließend werden die Bohnen bis zu zwei Wochen sonnengetrocknet, in Säcke abgefüllt und zu Schokoladenherstellern in der ganzen Welt transportiert.

Rösten

Wenn die Kakaobohnen in der Schokoladenfabrik ankommen, werden sie zunächst gereinigt, sortiert und geröstet. Das Rösten ist ein entscheidender Schritt und erfordert viel Erfahrung, da über den Röstgrad Aroma und Bohnenfarbe definiert werden.

Mahlen

Die gerösteten Bohnen werden in einer großen Brechanlage geknackt. In einer Windfege werden dann die Schalen vom Kakaobruch heruntergeblasen. Der Bruch wird in Mühlen zu einer feinen Kakaomasse gemahlen. Diese besteht aus etwa 45 % festen Kakaobestandteilen und 55 % Kakaobutter, ein wertvolles Fett, das bei Raumtemperatur fest ist, aber im Mund bereits schmilzt.

Conchieren

Damit Schokolade ihren wunderbaren Schmelz erhält, muss die krümelige Schokoladenmasse sanft erhitzt und in einer speziellen Maschine, der Conche, geknetet werden. Durch Conchieren werden Textur und Geschmack verbessert. Billige Schokolade wird lediglich zwölf Stunden conchiert, während hochwertige Schokolade bis zu einer Woche bearbeitet wird.

Temperieren

Im letzten Schritt, dem Temperieren, wird die Schokoladenmasse auf ganz bestimmte Temperaturen erhitzt und wieder abgekühlt. Dadurch entsteht qualitativ hochwertige Schokolade mit tollem Glanz und zartem Schmelz, die sich trotzdem knackig brechen lässt.

Knabbern

Schokoladen-Brezel-Fudge

Ergibt 16

Dieses Rezept ist ganz einfach. Die Salzbrezeln bilden einen herrlichen Kontrast zur reichhaltigen Süße von Schokolade und Kondensmilch.

Zubereitung: 15 Minuten, plus Ruhen   Kochzeit: 8–10 Minuten

Zutaten

175 g kleine Salzbrezeln

Sonnenblumenöl, zum Einfetten

2 EL Butter, gewürfelt

300 g Milchschokoladentropfen

400 g gezuckerte Kondensmilch

1 TL Vanilleextrakt

1. 55 g Brezeln grob hacken.

2. Eine quadratische Backform mit 24 cm Seitenlänge mit Öl einpinseln. Die Form mit Backpapier auslegen. Das Papier an den Ecken diagonal einschneiden und in die Form drücken, damit Boden und Seiten bedeckt sind. Außerdem sollte das Backpapier an den Seiten 5 cm überhängen.

3. Butter, Schokoladentropfen, Kondensmilch und Vanilleextrakt in einer hitzebeständigen Schüssel im Wasserbad 8–10 Minuten erhitzen. Gelegentlich rühren, bis die Schokolade soeben geschmolzen und die Mischung warm, aber nicht heiß ist. Vom Herd nehmen und die gehackten Salzbrezeln untermengen.

4. Die Mischung in die vorbereitete Backform gießen, gleichmäßig verstreichen und die 120 g ganze Brezeln leicht eindrücken. 1 Stunde ruhen lassen. Mit Frischhaltefolie abdecken und 1–2 Stunden im Kühlschrank fest werden lassen.

5. Den Fudge aus der Backform heben und das Backpapier abziehen. Den Schokoladenblock in kleine Quadrate schneiden. Kann in einem luftdicht schließenden Behälter kühl und trocken bis zu 2 Wochen aufbewahrt werden.

Rocky Road mit weißer Schokolade

Beim Kochen und Backen mit weißer Schokolade sollten Sie unbedingt zu einem Produkt mit Kakaobutter greifen, durch die die Schokolade hitzeunempfindlicher ist.

Ergibt 20

Zubereitung: 30 Minuten, plus Kühlen   Kochzeit: 10 Minuten

Zutaten

200 g weiße Schokolade
70 g kalte Butter
100 g Butterplätzchen
15 g rosa und weiße Mini-Marshmallows
100 g Belegkirschen, halbiert
1 EL gefriergetrocknete Himbeeren

1. Eine quadratische Backform mit 20 cm Seitenlänge mit zugeschnittenem Backpapier auslegen.

2. Die Schokolade in kleine Stücke brechen. Die Butter würfeln. Beides im Wasserbad schmelzen und glatt rühren.

3. Die Plätzchen in einen Gefrierbeutel geben, den Beutel verschließen und die Plätzchen mit einer Teigrolle zerkrümeln. Unter die geschmolzene Schokolade mischen. Anschließend die Marshmallows und zwei Drittel der Kirschen unterheben.

4. Die Masse in die vorbereitete Form füllen und glatt streichen. Die restlichen Belegkirschen darauf verteilen und mit den Himbeeren bestreuen.

5. An einem kühlen Ort etwa 1 Stunde fest werden lassen.

6. In 20 Quadrate schneiden und servieren.

Dreierlei
Nuss-Schoko-Taler

Es dürfte wohl niemanden geben, der sich nicht über diese nussig-knackigen Schokoladentaler freut.

Ergibt 24–30

Zubereitung: 20 Minuten, plus Abkühlen und Ruhen   Röst- und Kochzeit 10–15 Minuten

Zutaten

je 10 g Pistazienkerne, Mandeln, Hasel- und Macadamianüsse

100 g Zartbitterschokolade, fein gehackt

100 g Vollmilchschokolade, fein gehackt

100 g weiße Schokolade, fein gehackt

1. Den Backofen auf 200 °C vorheizen. Die Nussmischung auf einem Backblech verteilen und im Ofen 5–6 Minuten goldbraun rösten. Grob hacken und abkühlen lassen.

2. Die drei Schokoladensorten getrennt im Wasserbad schmelzen. Glatt rühren und 1–2 Minuten abkühlen lassen.

3. Gut teelöffelgroße Schokoladenportionen auf ein bis zwei Bögen Backpapier tropfen und zu Talern verlaufen lassen. Mit den Nüssen bestreuen und fest werden lassen.

4. Die Schokotaler vorsichtig vom Backpapier lösen. Sie halten sich in einem luftdicht schließenden Behälter an einem kühlen Ort, aber nicht im Kühlschrank, bis zu 2 Wochen.

VARIANTE

Sie können für Studententaler auch fein gehackte Trockenfrüchte oder kandierten Ingwer in die Nussmischung geben oder marmorierte Schokotaler herstellen.

Karamell-Schoko-Konfekt mit Salz

Ergibt 20

Meersalz und Karamell bilden eine klassische Kombination, zu der hier noch Walnüsse kommen.

Zubereitung: 30 Minuten   Backzeit: 35–40 Minuten

Zutaten

Sonnenblumenöl, zum Einfetten

200 g Zartbitterschokolade, grob gehackt

150 g Butter

2 Eier

175 g brauner Zucker

60 g Mehl

1 TL Backpulver

60 g Walnusskerne, grob gehackt

6 EL Dulce de Leche (Karamellmilchcreme)

1 EL Meersalz

1. Den Backofen auf 160 °C vorheizen. Eine quadratische Backform mit 20 cm Seitenlänge mit Öl einpinseln. Die Form mit Backpapier auslegen. Das Papier an den Ecken diagonal einschneiden und in die Form drücken, damit Boden und Seiten bedeckt sind.

2. 70 g Schokolade und die gesamte Butter in einer hitzebeständigen Schüssel über einem sanft köchelnden Wasserbad erhitzen. Gelegentlich rühren, bis die Schokolade geschmolzen ist.

3. Eier und Zucker in eine Rührschüssel geben und Mehl und Backpulver darübersieben. Die geschmolzene Schokoladenmischung zufügen und alles gut verrühren. Walnüsse und restliche Schokolade unterrühren. Dann in die vorbereitete Backform gießen und gleichmäßig ausstreichen.

4. Die Dulce de Leche in einer Rührschüssel mit dem Schneebesen glatt rühren und mit einer Gabel durch die Schokoladenmischung ziehen. Das Meersalz darüberstreuen und 30–35 Minuten im vorgeheizten Ofen garen, bis sich die Seiten des Kuchens von der Form weg nach innen wölben. 1 Stunde abkühlen lassen.

5. Alles aus der Backform heben, das Backpapier abziehen und den Kuchen in kleine Quadrate schneiden. In einem luftdicht schließenden Behälter kann das Konfekt kühl und trocken bis zu 2 Tage aufbewahrt werden.

Schokoladen-Orangen-Cannoli

Ergibt 20–24

Schokolade und Orange sind ein Traumpaar. In diesem Rezept bringen die ätherischen Orangenöle die bittersüßen Aromen der Schokolade besonders gut zur Geltung.

Zubereitung: 40 Minuten, plus Kühlen   Garzeit: 25 Minuten

Zutaten

1 Ei
2 EL Marsala
175 g Weizenmehl
2 TL feiner Zucker
1 Prise Salz
1 EL Sonnenblumenöl, zum Bestreichen
Sonnenblumenöl, zum Ausbacken
10 g Puderzucker, zum Bestreuen

Schokoladen-Orangen-Füllung

750 g Ricotta
2 EL Weinbrand
2 TL Vanilleextrakt
2 EL Kakaopulver
3 EL Puderzucker
4 EL Orangeat
3 EL gehackte Zartbitterschokolade
fein abgeriebene Schale von 2 großen Bio-Orangen
1 Prise Zimt

1. Das Ei mit dem Marsala verquirlen. Mehl, Zucker und Salz in der Schüssel der Küchenmaschine mischen. Bei laufendem Motor nach und nach das Ei zugießen und rühren, bis die Zutaten gebunden sind. Den Teig auf einer bemehlten Arbeitsfläche kurz kneten und zu einer Kugel formen. In Frischhaltefolie gewickelt mindestens 1 Stunde im Kühlschrank ruhen lassen.

2. Inzwischen für die Füllung Ricotta, Weinbrand und Vanilleextrakt cremig rühren. Kakaopulver und Puderzucker darübersieben und zusammen mit Orangeat, Schokolade, Orangenschale und Zimt sorgfältig unterrühren. Bis zur Weiterverarbeitung in den Kühlschrank stellen.

3. Den Teig in vier Portionen teilen und jeweils mithilfe einer Pastamaschine oder auf einer bemehlten Arbeitsfläche zu 50 cm langen, sehr dünnen, durchscheinenden Streifen ausrollen. Die Streifen in 4 cm große Quadrate schneiden. Einige Cannoliröhren mit Öl einfetten und die Teigquadrate diagonal so darumlegen, dass sich zwei Ecken berühren. Die Ecken mit Wasser befeuchten und zusammendrücken.

4. Reichlich Sonnenblumenöl in einem großen Topf auf 190 °C erhitzen, sodass ein Brotwürfel in 30 Sekunden braun wird. Je 2–3 Cannoli ins heiße Fett gleiten lassen und goldbraun und knusprig ausbacken. Mit einem Schaumlöffel herausheben und auf Küchenpapier abtropfen lassen. Mit dem restlichen Teig ebenso verfahren, dabei die Cannoliröhren zwischendurch immer wieder einfetten.

5. Ohne Füllung und luftdicht verpackt halten sich Cannoli bis zu drei Tage. Die Ricottacreme erst vor dem Servieren in einen Spritzbeutel füllen und von beiden Seiten in die Cannoli spritzen. Mit Puderzucker bestäuben und sofort servieren.

Espresso-trüffeln

Ergibt 12

Wenn Sie diese Espressotrüffeln leicht abändern möchten, ersetzen Sie den Kaffeelikör durch Irish Cream oder einen Orangenlikör wie Grand Marnier oder Cointreau.

Zubereitung: 40 Minuten, plus Abkühlen   Kochzeit: 5–10 Minuten

Zutaten

300 g Zartbitterschokolade, grob gehackt

2 EL Schlagsahne

1 EL starker Espresso, abgekühlt

2 EL Kaffeelikör

50 g weiche Butter

12 essbare Goldblätter, zum Dekorieren (nach Belieben)

1. 100 g Schokolade mit der Sahne in einer hitzebeständigen Schüssel im Wasserbad erhitzen und rühren, bis die Schokolade geschmolzen ist.

2. Den Topf vom Herd nehmen. Espresso, Kaffeelikör und Butter zufügen und 3–4 Minuten mit dem Schneebesen glatt rühren. In einen luftdicht schließenden Behälter füllen und 6–8 Stunden in den Kühlschrank stellen, bis die Mischung fest ist.

3. Ein Backblech mit Backpapier auslegen. Je 1 Teelöffel der Mischung zwischen den Handinnenflächen zu einer kleinen Kugel formen. Auf das vorbereitete Backblech legen und mit Frischhaltefolie abgedeckt 6–8 Stunden tiefkühlen.

4. Die restliche Schokolade in einer hitzebeständigen Schüssel im Wasserbad erhitzen, bis sie geschmolzen ist. Jede Trüffel zwischen zwei Gabeln geklemmt in die geschmolzene Schokolade tauchen und gleichmäßig ummanteln. Anschließend wieder auf das Backblech legen und 1–2 Stunden im Kühlschrank fest werden lassen. Jede Trüffel nach Belieben mit einem essbaren Goldblatt dekorieren. In einem luftdicht schließenden Behälter können die Trüffeln gekühlt bis zu 5 Tage aufbewahrt werden.

Cookies mit Schokoküsschen

Ergibt 20

Cookies sind eine beliebte süße Knabberei und werden mit diesen kleinen, selbst gemachten Schokoküsschen sogar noch verlockender.

Zubereitung: 25 Minuten, plus Kühlen   Backzeit: 12 Minuten

Zutaten

125 g weiche Butter
75 g brauner Zucker
75 g feiner Zucker
½ TL Vanilleextrakt
1 Ei
250 g Weizenmehl
½ TL Backnatron
100 g Schokoladentropfen
200 g Zartbitterschokolade
50 g Schlagsahne

1. Den Backofen auf 180 °C vorheizen. Drei Backbleche mit Backpapier oder Silikonbackmatten auslegen. Butter, braunen und weißen Zucker in einer Schüssel cremig rühren. Vanilleextrakt und Ei einarbeiten.

2. Mehl und Natron in eine zweite Schüssel sieben und nach und nach in die Buttermasse einarbeiten. Die Schokoladentropfen kurz unterkneten. Den Teig in Frischhaltefolie einschlagen und 30 Minuten im Kühlschrank ruhen lassen.

3. Die Zartbitterschokolade mit der Sahne in eine hitzebeständige Schüssel geben und im Wasserbad schmelzen. Glatt rühren und 15 Minuten abkühlen lassen, bis die Masse anzieht.

4. Die Schokolade in einen Spritzbeutel mit 10-mm-Lochtülle füllen und weiter abkühlen lassen, bis die Masse spritzfähig ist. Dann 20 Tupfen von 2 cm Ø auf eines der vorbereiteten Bleche spritzen und im Kühlschrank fest werden lassen.

5. Den Teig zu 20 gleich großen Kugeln formen und mit ausreichend Abstand auf die beiden anderen vorbereiteten Bleche setzen. Im vorgeheizten Ofen 10 Minuten goldgelb backen.

6. Die Cookies 15 Minuten abkühlen lassen, dann jeweils ein Schokoladenküsschen mittig daraufsetzen und vollständig abkühlen lassen.

VARIANTE

Diese Cookies können Sie auch roh essen. Ersetzen Sie dann das Ei durch 1–2 Esslöffel Milch und kühlen den Teig ausreichend.

Milch-Schoko-Shots

Ergibt 6

Erfrischende Mandelmilch wird in einem mit Schokolade ausgekleideten Becher aus Haselnussvollkornteig serviert – wer will da noch behauptpten, Vollwertkost sei langweilig?

Zubereitung: 35 Minuten, plus Kühlen   Back- und Kochzeit: 18–20 Minuten

Zutaten

6 EL Kokosöl, zimmerwarm, plus 1 EL zum Einfetten

50 g Vollrohrzucker

½ TL ausgekratztes Mark einer Vanillestange

25 g gemahlene Haselnüsse

25 g gemahlene gelbe Leinsamen

120 g Weizenvollkornmehl

1 Eigelb

100 g Zartbitterschokolade (70 % Kakaoanteil)

150 g ungesüßte Mandelmilch

1. Sechs kleine Backförmchen (100 ml Volumen) dünn einfetten und die Böden mit zurechtgeschnittenem Backpapier auslegen.

2. Kokosöl, Zucker und Vanillemark hell und cremig rühren. Haselnüsse und Leinsamen einarbeiten, dann Mehl und Eigelb unterrühren. 30 g Schokolade fein hacken und von Hand zügig in die Krümelmasse einarbeiten.

3. Die Krümelmasse auf die vorbereiteten Förmchen aufteilen und mit dem Rücken eines Teelöffels an Boden und Wänden andrücken, sodass kleine Becher entstehen. Auf ein Backblech setzen und 20 Minuten im Kühlschrank fest werden lassen. Inzwischen den Backofen auf 180 °C vorheizen.

4. Die Becher im vorgeheizten Ofen 13–15 Minuten goldbraun backen. Dann mit einem Teelöffelrücken nochmals in Form drücken und 30 Minuten abkühlen lassen.

5. Die Becher vorsichtig aus den Förmchen lösen. Wieder auf das Backblech setzen und mindestens 1 Stunde im Kühlschrank fest werden lassen.

6. Die restliche Schokolade in Stücke brechen, in eine hitzebeständige Schüssel geben und im Wasserbad schmelzen. Esslöffelgroße Portionen in die Becher geben und durch Schwenken Boden und Rand gleichmäßig mit der Schokolade überziehen. Mindestens 30 Minuten fest werden lassen. Zum Servieren die Mandelmilch einfüllen und auf Untertassen setzen.

Knabbern

Bei der riesigen Auswahl an Schokolade sollten Sie unbedingt auf die Qualität achten. Leider ist die Klassifizierung und Auszeichnung von Schokolade weder national noch international geregelt. Entscheidend ist, was auf der Zutatenliste der Verpackung steht. Lassen Sie die Finger von Produkten, bei denen Zucker ganz weit oben steht.

Tafelschokolade

Man unterscheidet grob zwischen:

Zartbitterschokolade: Sie besteht im Wesentlichen aus Kakaomasse, Zucker und Kakaobutter. Je höher der Kakaoanteil ist, desto dunkler und herber ist die Schokolade. Der Mindestanteil liegt bei 50 % Kakaomasse; Feinschmecker bevorzugen Schokolade mit 70–80 % Kakaoanteil. Hochwertige dunkle Schokolade enthält relativ wenig Zucker. Zartbitterschokolade kann auch zum Kochen verwendet werden.

Vollmilchschokolade: Sie besteht neben Kakaomasse hauptsächlich aus Milchpulver, Kakaobutter und Zucker. Eine hochwertige Vollmilchschokolade hat einen Kakaoanteil von etwa 40 %. Manche massenproduzierte Vollmilchschokolade begnügt sich mit einem Anteil von lediglich 20 %, der mit einem entsprechend höheren Zuckeranteil, manchmal bis zu 60 %, aufgefüllt wird.

Weiße Schokolade: Sie besteht aus einer Mischung aus Kakaobutter, Milchpulver und bis zu 60 % Zucker. Sie enthält keine Kakaomasse, wodurch ihr die geschmackliche Tiefe fehlt. Sie kann beim Erhitzen klumpen. Manche Produkte enthalten künstliches Vanillearoma.

Woran man gute Qualität erkennt

Zum Erkennen guter Schokolade sind alle unsere Sinne gefordert:

Aussehen: Dunkle Schokolade sollte glatt, glänzend und dunkelbraun sein.

Geruch: Schokolade sollte nur nach Schokolade riechen und nicht übermäßig süß.

Hören: Schokolade sollte beim Brechen hörbar knacken.

Mundgefühl: Schokolade mit einem hohen Kakaobuttergehalt darf schon in den Fingern schmelzen. Im Mund sollte sie sich weich anfühlen und sofort weich werden.

Geschmack: Hochwertige Schokolade enthält komplexe Aromen. Es sollten bittere Noten mit einem Hauch Säure zu schmecken sein. Die Süße sollte durch eine feinherbe Note ausgeglichen werden. Eine leichte Salznote unterstützt die Freisetzung der komplexen Aromen.

Lagerung

Feuchtigkeit und Wärme sind die größten Feinde von Schokolade, denn beides kann auf der Oberfläche einen weißen Film hinterlassen. Die ideale Lagertemperatur liegt bei 10–15 °C, also etwas über Kühlschranktemperatur; die Feuchtigkeit sollte bei etwa 50 % liegen. Schokolade nimmt schnell Fremdgerüche an, selbst wenn sie noch verpackt ist. Bewahren Sie sie also in einem dicht schließenden Behälter auf.

Schoko-Energiekugeln mit Erdnusscreme

Ergibt 8

Diese kleinen Kugeln stecken voll knuspriger Nüsse, weicher Erdnusscreme und aromatischer, dunkler Schokolade und liefern schnell Energie.

Zubereitung: 15 Minuten, plus Kühlen Garzeit: keine

Zutaten

50 g gemahlene Mandeln
60 g Erdnusscreme
20 g ungesalzene Erdnüsse, grob gehackt
3 EL Leinsamen
30 g Zartbitterschokolade (85 % Kakaoanteil), fein gehackt
1 Prise Meersalz
1 TL Kakaopulver

1. Die Mandeln etwa 1 Minute mixen, bis sie die Konsistenz von grobem Mehl haben.

2. Erdnusscreme, Erdnüsse, Leinsamen, Schokolade und Salz in einer Schüssel verrühren, bis die Zutaten grob gebunden sind. Die gemahlenen Mandeln bis auf 2 Esslöffel einarbeiten.

3. Restliche Mandeln und Kakaopulver auf einem tiefen Teller mischen. Die Erdnussmasse zu acht Kugeln formen und in der Kakao-Mandel-Mischung wälzen. Auf einen großen Teller legen.

4. Mit Frischhaltefolie abdecken und mindestens 30 Minuten im Kühlschrank fest werden lassen. Die Energiekugeln halten sich bis zu 2 Tage.

VARIANTE

Wenn Ihnen Kakaopulver zu bitter ist, können Sie die Kugeln auch in einer Mischung aus Mandeln und 1 Teelöffel Zimt wälzen.

Beschwipster Schokoladen-Fudge

Ergibt 16

Wenn Sie Schokolade und Whisky mögen, ist dieses Konfekt die perfekte kleine Gaumenfreude für Sie. Statt Whisky eignet sich auch ein guter Cognac.

Zubereitung: 15 Minuten, plus Ruhen Kochzeit: 20 Minuten

Zutaten

Sonnenblumenöl, zum Einfetten
250 g brauner Zucker
100 g Butter
400 g gezuckerte Kondensmilch
2 EL Glukosesirup
150 g Zartbitterschokolade, grob gehackt
60 ml Whisky
25 g Walnusskerne

1. Eine quadratische Backform mit 20 cm Seitenlänge mit Öl einpinseln. Die Form mit Backpapier auslegen. Das Papier an den Ecken diagonal einschneiden und in die Form drücken, damit Boden und Seiten bedeckt sind.

2. Zucker, Butter, Kondensmilch und Glukosesirup in einen Topf mit dickem Boden geben. Unter Rühren vorsichtig erhitzen, bis der Zucker aufgelöst ist.

3. Die Hitzezufuhr erhöhen und 12–15 Minuten kochen, bis die Temperatur der Mischung 115 °C auf dem Zuckerthermometer anzeigt. Gelegentlich umrühren, damit der Zucker nicht anbrennt. Vom Herd nehmen.

4. Schokolade und Whisky zufügen und rühren, bis die Schokolade geschmolzen ist. Den Grill auf mittlerer Stufe vorheizen. Die Walnüsse auf einem Backblech verteilen und 2–3 Minuten unter dem Grill rösten. Dann grob hacken.

5. Die Fudge-Mischung in die vorbereitete Backform gießen, gleichmäßig verstreichen und mit Walnüssen bestreuen. 1 Stunde ruhen lassen. Mit Frischhaltefolie abdecken und 1–2 Stunden im Kühlschrank fest werden lassen. Den Fudge aus der Backform heben und das Backpapier abziehen. Das Konfekt in kleine Quadrate schneiden. Es kann in einem luftdicht schließenden Behälter kühl und trocken bis zu 2 Wochen aufbewahrt werden.

Schoko-Toffee-Popcorn

Planen Sie einen Kinoabend bei sich zu Hause? Wie wäre es dann mit dieser ungewöhnlichen Popcornmischung?

Für 6–8

Zubereitung: 10 Minuten, plus Ruhen   Kochzeit: 10–15 Minuten

Zutaten

- 2 EL Sonnenblumenöl, plus 1 EL zum Einfetten
- 50 g Popcornmais
- 40 g Butter
- 40 g brauner Zucker
- 40 g heller Sirup
- 50 g Zartbitterschokolade
- 100 g weiche Sahnekaramellbonbons, gehackt
- 100 g Zartbitterschokoladentropfen

1. Ein Backblech und zwei Holzlöffel dünn mit Öl einfetten. Das Öl in einem großen Topf kurz stark erhitzen und die Maiskörner hineingeben. Den Deckel auflegen und den Topf leicht schütteln, damit die Maiskörner mit Öl überzogen werden.

2. Die Hitze reduzieren und die Maiskörner platzen lassen. Wenn nur noch vereinzelt Knallgeräusche zu hören sind, den Topf vom Herd nehmen.

3. Butter, Zucker und Sirup in einen zweiten großen Topf geben und bei mittlerer Hitze rühren, bis der Zucker sich aufgelöst hat. Die Hitze erhöhen und 2 Minuten sanft köcheln.

4. Das Popcorn mithilfe der beiden Holzlöffeln untermischen, bis es gleichmäßig überzogen ist. Auf dem vorbereiteten Blech verteilen und fest werden lassen.

5. Inzwischen die Schokolade in eine hitzebeständige Schüssel geben und im Wasserbad schmelzen.

6. Karamellbonbons und Schokotropfen über dem Popcorn verteilen. Mit flüssiger Schokolade beträufeln. Fest werden lassen. In einem luftdicht schließenden Behälter kühl und trocken lagern.

VARIANTE
Wenn's schneller gehen soll, verwenden Sie fertiges Popcorn.

Pfefferminz-taler

Diese hübschen und zugleich leckeren Pfefferminztaler erfreuen sich großer Beliebtheit. Sie sind nach einem Abendessen sehr erfrischend.

Ergibt 25

Zubereitung: 30 Minuten, plus Trocknen   Kochzeit: 5–10 Minuten

Zutaten

1 Eiweiß (Größe L)

325 g Puderzucker, gesiebt, plus etwas mehr zum Pudern der Gabel

einige Tropfen Pfefferminz-aroma (Dosierung nach Packungsanweisung)

einige Tropfen grüne Lebensmittelfarbe

100 g Zartbitterschokolade, grob gehackt

1. Ein Backblech mit Backpapier auslegen.

2. In einer großen Schüssel das Eiweiß aufschlagen, es sollte aber noch klar sein.

3. Den Puderzucker zum Eiweiß geben und mit einem Holzlöffel verrühren, bis die Mischung steif ist. Das Pfefferminzaroma und die Lebensmittelfarbe einrühren.

4. Die Mischung mit den Handflächen zu walnussgroßen Kugeln formen und diese auf das vorbereitete Backblech legen. Mit einer Gabel flach drücken; falls die Masse an der Gabel klebt, diese vorher in Puderzucker tauchen. Die Taler 24 Stunden im Kühlschrank fest werden lassen.

5. Die Schokolade in einer hitzebeständigen Schüssel im Wasserbad erhitzen und rühren, bis sie geschmolzen ist. Die Pfefferminztaler halb in die Schokolade tauchen und 1 Stunde auf dem Backblech trocknen lassen. In einem luftdicht schließenden Behälter halten sie sich bis zu 5 Tage im Kühlschrank.

Cake Pops mit Schokolade & Haselnüssen

Cremige Nuss-Nugat-Creme und knackig geröstete Haselnüsse verleihen diesen Kuchenlollis viel Aroma und Biss.

Ergibt 20

Zubereitung: 30 Minuten, plus Kühlen   Back- und Kochzeit: 30 Minuten

Zutaten

2 Eier
50 g brauner Zucker
50 g feiner Zucker
100 g Weizenmehl, gesiebt
100 g Butter, zerlassen
1 TL Backpulver
2 EL Kakaopulver, gesiebt
1 TL Vanilleextrakt
350 g Nuss-Nugat-Creme

Garnierung

350 g Zartbitterschokolade, in Stücke gebrochen
70 g ganze Haselnusskerne ohne Haut
20 Lollistiele oder Holzspieße

1. Eine Springform (18 cm Ø) und ein Backblech mit zugeschnittenem Backpapier auslegen.

2. Eier, braunen und weißen Zucker in einer Schüssel hell und schaumig aufschlagen.

3. Mehl, Butter, Backpulver, Kakaopulver und Vanilleextrakt kurz unterheben und den Teig 20 Minuten ruhen lassen. Inzwischen den Backofen auf 200 °C vorheizen. Den Teig in die vorbereitete Springform füllen und 15–20 Minuten backen. Zur Garprobe einen Holzspieß in die Mitte stechen; er sollte trocken und sauber wieder herauskommen. Den Kuchen 10 Minuten abkühlen lassen, dann aus der Form lösen und auf einem Kuchengitter vollständig abkühlen lassen.

4. Den Kuchen mit den Fingern in eine Schüssel krümeln. Die Nuss-Nugat-Creme mit einer Gabel einarbeiten, bis die Krümel gebunden sind. Mit einem Eisportionierer 20 golfballgroße Portionen abnehmen und von Hand zu Kugeln formen. Auf das vorbereitete Blech legen und mindestens 30 Minuten im Kühlschrank fest werden lassen.

5. Die Schokolade in eine hitzebeständige Schüssel geben und im Wasserbad schmelzen.

6. Die Haselnüsse in einer Pfanne 2–3 Minuten unter ständigem Rühren goldbraun rösten, dann grob hacken.

7. Die Lollistiele in die Teigkugeln stecken. Die Kugeln in die Schokolade tauchen und mithilfe eines Teelöffels vollständig mit Schokolade überziehen. Mit den Haselnüssen bestreuen und aufrecht fest werden lassen (z. B. in ein Stück Styropor stecken).

Schokotässchen mit Karamell

Wenn Sie keine Papiermanschetten für Petits Fours haben, legen Sie die Vertiefungen einer Minimuffinform mit kleinen Quadraten aus Frischhaltefolie aus. Streichen Sie geschmolzene Schokolade über die Frischhaltefolie und ziehen diese vor dem Servieren ab.

Ergibt 12

Zubereitung: 30 Minuten, plus Kühlen Kochzeit: 10 Minuten

Zutaten

150 g Zartbitterschokolade, grob gehackt
120 g Feinstzucker
12 kleine Walnusshälften
25 g Butter
125 g Schlagsahne

1. Eine 12er-Minimuffinform mit Papiermanschetten für Petits Fours auslegen. Ein großes Backblech mit Backpapier auslegen.

2. Die Schokolade in eine hitzebeständige Schüssel geben und im Wasserbad erhitzen, bis die Schokolade geschmolzen ist. 1 Esslöffel geschmolzene Schokolade in jede Papiermanschette geben und mit einem kleinen Backpinsel gleichmäßig an den Seitenrändern verstreichen. 30 Minuten kühl stellen und danach eine zweite Schicht Schokolade gleichmäßig dick aufstreichen. Abdecken und in den Kühlschrank stellen.

3. Zucker und 4 Esslöffel Wasser in einen kleinen Topf geben. 5 Minuten sanft erhitzen, bis der Zucker aufgelöst ist. Die Hitze erhöhen und 4–5 Minuten ohne Rühren kochen, bis der Karamell tief goldbraun ist. Vom Herd nehmen, die Walnüsse zufügen und zügig mit Karamell ummanteln, dann mit zwei Gabeln oder einer Gebäckzange herausheben. Mit ausreichend Abstand voneinander auf das vorbereitete Backblech legen.

4. Die Butter zum restlichen Karamell geben, zum Vermischen den Topf schwenken und nach und nach die Sahne einrühren. In eine Schüssel umfüllen und abkühlen lassen. Abdecken und 1½ Stunden in den Kühlschrank stellen, bis die Karamellcreme fest ist. Die mit Schokolade beschichteten Papiermanschetten aus der Backform nehmen. Die Karamellcreme in einen großen Spritzbeutel mit sternförmiger Tülle füllen und Rosetten in die Manschetten spritzen. Bis zum Verzehr in den Kühlschrank stellen. Vor dem Servieren mit den karamellüberzogenen Walnüssen garnieren.

Schokoladen-salami

Es ist immer gut, etwas vorrätig zu haben, wenn überraschend Besuch vorbeischaut. Diese süße „Salami“ aus dem Kühlschrank muss nur in Scheiben geschnitten werden.

Für 12

Zubereitung: 10 Minuten, plus Kühlen Röst- und Kochzeit: 10–15 Minuten

Zutaten

- 75 g blanchierte Haselnusskerne
- 40 g Mandelblättchen
- 100 g getrocknete Feigen, grob gehackt
- 2 EL Orangenlikör
- 200 g Zartbitterschokolade
- 75 g Butter
- 100 g brauner Zucker
- 1 Ei (Größe L)
- 1 Eigelb (Größe L)
- Zesten von 1 Bio-Orange
- 200 g Amaretti
- 50 g weiße Schokoladentropfen
- 1 EL Puderzucker, zum Bestäuben

1. Haselnüsse und Mandeln in einer großen Pfanne bei starker Hitze unter häufigem Rühren ohne Fett goldbraun rösten. Etwas abkühlen lassen, dann grob hacken.

2. Feigen und Triple Sec in eine mikrowellengeeignete Schale geben und bei hoher Wattzahl 1 Minute erhitzen.

3. Die Schokolade mit der Butter in eine hitzebeständige Schüssel geben und im Wasserbad schmelzen. Glatt rühren.

4. Zucker, Ei, Eigelb und Orangenzesten in einer Schüssel dickschaumig rühren. Zur Schokolade geben und 5 Minuten rühren, bis sich der Zucker vollständig aufgelöst hat.

5. Die Amaretti zerkrümeln und zusammen mit Feigen, Nüssen und weißen Schokotropfen unter die Schokoladenmischung heben. Die Masse auf einen Bogen Backpapier geben und zu einer 20 cm langen Rolle formen. Die Rolle fest in Backpapier einschlagen und die Enden zudrehen. Im Kühlschrank 4 Stunden oder über Nacht fest werden lassen.

6. Aus dem Kühlschrank nehmen, mit Puderzucker bestäuben und nach Bedarf in Scheiben schneiden. Eventuellen Rest wieder im Kühlschrank lagern.

VARIANTE

Sie können auch andere Trockenfrüchte verwenden und den Likör durch Amaretto oder Rum ersetzen.

Schoko-Nuss-Riegel

Ergibt 12

Mit weißen und dunklen Schokostückchen sowie knackigen Pekannüssen sind diese Riegel einfach nur zum Reinbeißen!

Zubereitung: 30 Minuten, plus Abkühlen Koch- und Backzeit: 35–40 Minuten

Zutaten

250 g weiße Schokolade, in Stücke gebrochen
40 g Butter, plus etwas mehr zum Einfetten
175 g Zartbitterschokolade
2 Eier (Größe L), verquirlt
80 g feiner Zucker
120 g Weizenmehl
1 TL Backpulver
100 g Pekannusskerne, grob gehackt

1. Den Backofen auf 180 °C vorheizen. Eine quadratische Backform mit 20 cm Seitenlänge mit Butter einfetten.

2. Ein Drittel der weißen Schokolade und Butter in eine hitzebeständige Schüssel geben und im Wasserbad unter gelegentlichem Rühren schmelzen. Inzwischen die restliche weiße und die dunkle Schokolade grob hacken.

3. Eier und Zucker in einer großen Schüssel schaumig rühren. Die geschmolzene weiße Schokolade unterrühren. Mehl und Backpulver darübersieben. Gehackte Schokolade und Pekannüsse sorgfältig unterheben.

4. Den Teig in die vorbereitete Form füllen und glatt streichen. Im vorgeheizten Ofen 35–40 Minuten goldbraun backen. Vollständig in der Form abkühlen lassen. In zwölf Riegel schneiden.

TIPP
Lassen Sie den Teig keinesfalls zu lange im Ofen, damit die Riegel schön weich und saftig bleiben.

Schokoladen-Amaretto-Trüffeln

Ergibt 12

Diese köstlichen Kugeln sind ganz leicht herzustellen und sehen prächtig aus! Sie können auch mit einem anderen Likör als Amaretto zubereitet werden.

Zubereitung: 30 Minuten, plus Einweichen und Ruhen   Koch- und Röstzeit: 10–15 Minuten

Zutaten

50 ml Amaretto

50 g Sultaninen

100 g Zartbitterschokolade, grob gehackt

2 EL Schlagsahne

70 g fertiger Schokoladenrührkuchen oder Brownie, zerbröselt

100 g Haselnüsse

50 g Schokoladenstreusel, zum Dekorieren

1. Amaretto und Sultaninen in einer kleinen Schüssel vermengen, abdecken und 6–8 Stunden ziehen lassen. Ein Backblech mit Backpapier auslegen.

2. Die Amarettomischung in der Küchenmaschine oder mit dem Stabmixer fein zerkleinern.

3. Schokolade und Sahne in einer hitzebeständigen Schüssel im Wasserbad erhitzen und rühren, bis die Schokolade geschmolzen ist. Vom Herd nehmen, Amarettopüree und Kuchen in die Schokolade rühren.

4. Die Mischung etwas abkühlen lassen und mit den Handinnenflächen zu walnussgroßen Kugeln formen. Auf das vorbereitete Backblech legen.

5. Den Backofengrill auf mittlerer Stufe vorheizen. Die Haselnüsse auf einem zweiten Backblech ausbreiten und 2–3 Minuten unter dem Grill rösten, bis sie braun sind. Zwischendurch einmal durchschütteln. Dann grob hacken.

6. Die Schokoladenstreusel auf einen Teller streuen, die Haselnüsse auf einen anderen. Eine Hälfte der Trüffeln in den Schokoladenstreuseln rollen, die andere in den Haselnüssen. Anschließend wieder auf das Backblech legen, mit Backpapier bedecken und 1–2 Stunden im Kühlschrank fest werden lassen. In einem luftdicht schließenden Behälter können die Trüffeln bis zu 5 Tage im Kühlschrank aufbewahrt werden.

Weich

Warmer Schoko-schichtkuchen

Aus einem fix gerührten Biskuit, einer Tube fertigem Schokoladenfondant und Schlagsahne wird hier in 30 Minuten ein cremiger Schokoladenkuchen gezaubert!

Für 8

Zubereitung: 30 Minuten, plus Abkühlen   Garzeit: 12–15 Minuten

Zutaten

Butter, zum Einfetten
3 Eier
80 g Feinzucker, plus etwas mehr zum Bestreuen
80 g Mehl
2 EL Kakaopulver, plus etwas mehr zum Bestäuben
200 g Schlagsahne
220 g fertiger Scholadenfondant
weiße und dunkle Schokoladenflocken, zum Dekorieren

1. Den Backofen auf 200 °C vorheizen. Eine rechteckige Backform (23 cm x 18 cm) einfetten; Boden und Seiten mit Backpapier auslegen.

2. Eier und Zucker in eine hitzebeständige Schüssel geben und im Wasserbad mit dem Handmixer 3–4 Minuten schlagen, bis die Mischung hellgelb und dickflüssig ist.

3. Mehl und Kakaopulver hineinsieben und vorsichtig unterheben. In die Backform füllen und glatt streichen. 8–10 Minuten im vorgeheizten Ofen backen, bis der Teig aufgegangen ist und sich auf Fingerdruck elastisch nachgibt. In der Zwischenzeit ein Blatt Backpapier mit Zucker bestreuen und die Sahne steif schlagen.

4. Den Kuchen aus dem Ofen nehmen und sofort auf das gezuckerte Backpapier stürzen. Horizontal in drei Platten schneiden und auf einem Kuchengitter 5–8 Minuten abkühlen lassen.

5. Je ein Drittel Schokoladenfondant auf jede Kuchenplatte streichen, auf zwei Platten zusätzlich Schlagsahne streichen und alle übereinanderschichten. Mit der Platte ohne Sahne abschließen. Mit Schokoladenflocken dekorieren und mit Kakao bestäuben.

TIPP
Der Biskuitteig sollte so dickflüssig sein, dass die Rührbesen beim Herausziehen eine Spur auf der Oberfläche hinterlassen.

Schokoladen-Churros mit Chili

Chili und Schokolade sind hierzulande noch eine ungewöhnliche Kombination, werden aber in der süd- und mittelamerikanischen Küche häufig zusammen verwendet.

Ergibt 16

Zubereitung: 20 Minuten, plus Abkühlen Kochzeit: 25 Minuten

Zutaten

100 g Butter, gewürfelt
140 g Weizenmehl, gesiebt
1 große Prise Salz
2 Eier (Größe L), verquirlt
½ kleiner roter Chili, entkernt und sehr fein gehackt
Öl, zum Ausbacken
4 EL Zucker
2 TL Kakaopulver, gesiebt

Schokoladensauce

80 g Zartbitterschokolade, in Stücke gebrochen
100 g Schlagsahne
½ TL Vanilleextrakt
1 TL getrocknete Chiliflocken, zerstoßen

1. Für die Schokoladensauce die Schokolade mit der Sahne in eine hitzebeständige Schüssel geben und im Wasserbad schmelzen. Die Schüssel aus dem Wasserbad nehmen, dann Vanilleextrakt und Chili unter die Schokolade rühren. Warm halten.

2. Die Butter mit 220 ml Wasser in einen großen Topf geben und sanft erhitzen, bis sie geschmolzen ist. Die Mischung zum Kochen bringen. Den Topf vom Herd nehmen. Mehl und Salz auf einmal hineingeben und kräftig unterrühren. Den Topf wieder auf den Herd stellen und rühren, bis der Topfboden mit einer dünnen weißen Schicht überzogen ist und der Teig sich zum Kloß formt. Etwa 5 Minuten abkühlen lassen, dann die Eier nach und nach sorgfältig einarbeiten, bis ein dicker, glänzender Teig entstanden ist. Den Chili unterrühren.

3. Reichlich Öl in einem großen Topf oder einer Fritteuse auf 180–190 °C erhitzen. Den Teig in einen Spritzbeutel mit großer Sterntülle füllen, je vier Stränge von 10 cm Länge ins heiße Fett spritzen und 2–3 Minuten unter häufigem Wenden goldbraun und knusprig ausbacken. Mit einem Schaumlöffel herausnehmen und auf Küchenpapier abtropfen lassen. Warm halten, bis der ganze Teig verarbeitet ist.

4. Zucker und gesiebtes Kakaopulver auf einem Teller mischen und die warmen Churros darin wenden. Sofort mit der Schokoladensauce servieren.

TIPP

Zartbitterschokolade hat einen höheren Kakaoanteil und weniger Zucker als Vollmilch- oder weiße Schokolade und ist deshalb gesünder.

Brownies mit Marshmallows

Ergibt 12

Selbst Brownies sind schokoladentechnisch noch steigerungsfähig! Schokolade und Marshmallows sorgen hier für zarten Schmelz.

Zubereitung: 20 Minuten, plus Abkühlen   Backzeit: 40–45 Minuten

Zutaten

- 250 g Butter, plus etwas mehr zum Einfetten
- 250 g Zartbitterschokolade
- 4 Eier (Größe L)
- 350 g feiner Zucker
- 1 EL Vanilleextrakt
- ½ TL Salz
- 150 g Weizenmehl
- 75 g Schokoladentropfen oder grob gehackte Schokolade
- 75 g Marshmallowcreme

1. Den Backofen auf 180 °C vorheizen. Eine quadratische Backform mit 22 cm Seitenlänge einfetten und mit zugeschnittenem Backpapier auslegen.

2. Butter und Zartbitterschokolade in eine hitzebeständige Schüssel geben und unter gelegentlichem Rühren im Wasserbad schmelzen. Die Masse etwas abkühlen lassen. Eier, Zucker Vanilleextrakt und Salz in einer zweiten Schüssel verrühren.

3. Die Eimasse in die Schokoladenmischung rühren, dann das Mehl einarbeiten. Die Hälfte der Schokoladentropfen unterheben. Den Teig in die vorbereitete Form füllen und im vorgeheizten Ofen 30 Minuten backen.

4. Die Brownies aus dem Ofen nehmen (Ofen nicht abschalten) und Marshmallowcreme teelöffelweise daraufklecksen.

5. Die restlichen Schokoladentropfen darauf verteilen und den Kuchen weitere 10–15 Minuten backen, bis die Marshmallowcreme zerlaufen ist und etwas Farbe annimmt. Abkühlen lassen und in zwölf Quadrate schneiden.

VARIANTE

Statt Marshmallow-creme können Sie 75 g weiße Marshmallows verwenden.

Safran-Brioches mit Schokokern

Safran sorgt für ein feines Aroma und eine schöne gelbe Farbe. Angeblich hat er auch aphrodisierende Wirkung – also perfekt für den Valentinstag.

Ergibt 12

Zubereitung: 35 Minuten, plus Gehen und Abkühlen   Backzeit: 15 Minuten

Zutaten

1 Prise Safranfäden
3 EL kochendes Wasser
50 g Butter, zerlassen, plus etwas mehr zum Einfetten
350 g Weizenmehl
1 Prise Salz
1 EL feiner Zucker
2½ TL Trockenbackhefe
2 Eier, verquirlt
30 g Zartbitterschokolade, in 6 Stücke gebrochen
1 EL Milch, zum Bestreichen

1. Den Safran mit dem kochenden Wasser in einer Tasse ziehen lassen, bis das Wasser abgekühlt ist.

2. Zwölf Brioche-Förmchen mit zerlassener Butter einfetten.

3. Mehl und Salz in eine Schüssel sieben. Zucker und Hefe untermischen. Safranwasser, Eier und Butter einarbeiten.

4. Den Teig glatt kneten und abgedeckt an einem warmen Ort 60–90 Minuten gehen lassen, bis er sein Volumen verdoppelt hat. Nochmals kurz durchkneten, dann drei Viertel des Teigs zu zwölf Kugeln formen. In die vorbereiteten Förmchen geben und je ein Schokoladenstück hineindrücken.

5. Den restlichen Teig zu zwölf kleinen Tropfen formen. Mit Milch bestreichen und auf die Brioches setzen.

6. Mit eingefetteter Frischhaltefolie abdecken und nochmals an einem warmen Ort 90 Minuten gehen lassen, bis das Teigvolumen sich verdoppelt hat. Rechtzeitig den Backofen auf 200 °C vorheizen. Die Brioches mit Milch bestreichen und etwa 15 Minuten goldbraun backen. Nach Belieben warm oder kalt servieren.

TIPP
Falls Sie keinen Mörser besitzen, geben Sie die rosa Pfefferbeeren in einen Gefrierbeutel und zerkleinern sie mit einer Backrolle.

Schoko-Cupcakes
mit rosa Pfefferbeeren

Ergibt 12

Pfefferbeeren sind weniger scharf als schwarzer Pfeffer und eignen sich gut für die Kombination mit dunkler Schokolade. Außerdem sind sie sehr attraktiv.

Zubereitung: 35 Minuten, plus Abkühlen   Back- und Kochzeit: 25 Minuten

Zutaten

125 g Mehl
60 g Kakaopulver
1 TL Backpulver
¼ TL Salz
125 g weiche Butter
200 g Feinstzucker
2 TL Vanilleextrakt
2 Eier (Größe L)
125 ml Schmand
1 EL zerstoßene rosa Pfefferkörner, zum Dekorieren

Glasur

4 EL Milch
1 EL zerstoßene rosa Pfefferkörner
110 g weiche Butter
250 g Puderzucker, bei Bedarf etwas mehr
2 TL Vanilleextrakt

1. Den Backofen auf 180 °C vorheizen und eine 12er-Muffinform mit Papierbackförmchen auslegen.

2. Mehl, Kakaopulver, Backpulver und Salz in einer Schüssel vermengen. Butter und Zucker in einer weiteren Schüssel hell und schaumig schlagen. Den Vanilleextrakt zugeben und die Eier unter ständigem Rühren nacheinander zufügen. Die Hälfte der Mehlmischung und den Schmand unterrühren. Dann die restliche Mehlmischung einrühren.

3. Den Teig in die Papierbackförmchen füllen und 20 Minuten im vorgeheizten Ofen backen, bis die kleinen Kuchen aufgegangen sind und ein in die Mitte gestochener Holzspieß sauber wieder herausgezogen werden kann. 1–2 Minuten abkühlen lassen, dann zum vollständigen Abkühlen aus der Form nehmen und auf ein Kuchengitter legen.

4. Für die Glasur Milch und Pfefferkörner in einem kleinen Topf auf mittlerer Stufe zum Kochen bringen. Dann die Hitze reduzieren und unter häufigem Rühren etwa 5 Minuten köcheln. Die Milch in eine Schüssel abseihen und etwa 10 Minuten abkühlen lassen. Die Pfefferkörner wegwerfen.

5. Butter, Puderzucker und Vanilleextrakt zur Milch geben und mit dem Mixer rühren, bis eine cremige Masse entsteht. Falls nötig, mehr Puderzucker zufügen, um die gewünschte Konsistenz zu erhalten. Die Glasur in einen Spritzbeutel mit Sterntülle füllen und gleichmäßig auf die Cupcakes spritzen.

6. Zum Dekorieren zerstoßene rosa Pfefferbeeren über die Cupcakes streuen.

Mini-Doppelkekse mit Schokolade

Wer hätte gedacht, dass man diese himmlischen Schokoplätzchen in so kurzer Zeit selbst machen kann? Für besondere Anlässe kann man den Schokoladenaufstrich durch geschlagene Sahne und Konfitüre ersetzen.

Ergibt 22

Zubereitung: 20 Minuten, plus Abkühlen   Backzeit: 8 Minuten

Zutaten

100 g weiche Butter
125 g brauner Zucker
1 Ei, leicht verquirlt
½ TL Vanilleextrakt
175 g Mehl
1½ TL Backpulver
25 g Kakaopulver
5 EL Milch
4–5 EL Nuss-Nugat-Creme

1. Den Backofen auf 190 °C vorheizen. Zwei große Backbleche mit Backpapier auslegen.

2. Butter und Zucker in einer Schüssel 1–2 Minuten mit dem elektrischen Handmixer cremig rühren. Ei und Vanilleextrakt unterrühren. Mehl, Backpulver und Kakaopulver in die Schüssel sieben, Milch zugießen und sanft weiterrühren, bis der Teig glatt ist.

3. Mit dem Löffel oder dem Spritzbeutel 44 Tupfen Teig à 4 cm Ø auf die vorbereiteten Backbleche geben. 7–8 Minuten im vorgeheizten Ofen backen, bis der Teig gerade eben fest ist. Die noch heißen Kekse vorsichtig mit einer Palette auf ein Kuchengitter heben. 10 Minuten abkühlen lassen.

4. Die flachen Seiten mit Nuss-Nugat-Creme bestreichen und je zwei zusammensetzen. Falls die Creme schmilzt, weil die Kekse doch noch zu warm sind, noch etwas länger abkühlen lassen.

TIPP

Die Kekse kühlen schneller ab, wenn man sie nach 5 Minuten auf dem Kuchengitter einmal wendet.

Muffins mit weisser Schokolade & Brombeeren

Ergibt 12

Muffins sind so schnell und einfach zubereitet! Warum backen Sie also nicht sofort welche und nehmen sie morgen mit ins Büro?

Zubereitung: 10–15 Minuten Backzeit: 25–30 Minuten

Zutaten

300 g Weizenmehl
2 TL Backpulver
200 g feiner Zucker
100 g weiche Butter
2 Eier
1 TL Vanilleextrakt
250 g fettarmer Naturjoghurt
200 g frische Brombeeren
200 g weiße Schokolade, grob gehackt

1. Den Backofen auf 180 °C vorheizen. Eine große 12er-Muffinform mit Papierbackförmchen auskleiden.

2. Mehl und Backpulver in eine große Schüssel sieben. Den Zucker untermischen. In einer zweiten Schüssel Butter, Eier, Vanilleextrakt und Joghurt glatt rühren.

3. Die Eimasse locker unter die Trockenzutaten rühren. Der Teig muss nicht ganz glatt sein. Brombeeren und weiße Schokolade unterheben, ohne die Beeren zu zerdrücken.

4. Den Teig in die vorbereiteten Formen füllen und im vorgeheizten Ofen 25–30 Minuten goldbraun backen. Auf einem Kuchengitter abkühlen lassen.

TIPP

Das Geheimnis lockerer Muffins ist, den Teig nicht zu lange zu rühren. Es dürfen noch ungebundene Mehlreste zu sehen sein.

Brotauflauf mit Schokolade

Durch die Zugabe von dunkler Schokolade und getrockneten Feigen wird aus einem einfachen Brotauflauf ein echtes Highlight. Reichen Sie geschlagene Sahne dazu.

Für 6–8

Zubereitung: 10 Minuten, plus Abkühlen   Backzeit: 35–40 Minuten

Zutaten

1 süßer Stuten
200 g weiche Butter
150 g Zartbitterschokolade (70 % Kakaoanteil), grob in Stücke gebrochen
100 g getrocknete Feigen, gehackt
4 Eier (Größe L)
600 ml Milch
150 g feiner Zucker
1 TL Vanilleextrakt

1. Den Backofen auf 160 °C vorheizen.

2. Eine Kastenform (1,5–2 l Volumen) mit Backpapier auslegen.

3. Den Stuten in Scheiben schneiden und je auf einer Seite mit der Butter bestreichen. Die gebutterte Seite mit Schokolade und Feigen bestreuen. Die Scheiben wieder zu einem Laib zusammenfügen und in die vorbereitete Form setzen.

4. Eier, Milch, Zucker und Vanilleextrakt in einer Schüssel glatt rühren. Das Hefebrot damit übergießen und 5 Minuten ziehen lassen.

5. Im vorgeheizten Ofen 35–40 Minuten backen, bis der Auflauf goldbraun und die Eiermilch gestockt ist. Vor dem Servieren 10 Minuten ruhen lassen.

Weich

Auch bei Schokolade gilt: Je hochwertiger das Ausgangsprodukt, desto besser das Ergebnis.

Schokolade in der Küche

Gute Zartbitterschokolade hat einen intensiven Geschmack und eine satte dunkle Farbe. Vollmilch- und weiße Schokolade sind geschmacklich weniger intensiv, aber erzeugen zusammen mit dunkler Schokolade schöne farbliche Kontraste.

Kuvertüre

Ideal zum Backen, denn Kuvertüre hat einen höheren Anteil an Kakaobutter und schmilzt deshalb sehr gut. Wenn sie temperiert wird, bildet sie eine schön glänzende, knackige Glasur. Kuvertüre wird hauptsächlich zum Überziehen von Gebäck verwendet.

Schokotropfen und -stücke

Sie sind regelmäßig geformt und besonders praktisch, weil sie direkt in den Teig eingearbeitet werden können und beim Backen formstabil bleiben. Sie enthalten weniger Kakaobutter als Tafelschokolade.

Kuchenglasur

Dabei handelt es sich um kakaohaltige Fettglasuren, die leichter schmelzen und zu handhaben sind als normale Schokolade. Der Nachteil ist, dass ein Teil der Kakaobutter durch andere Fette wie Kokosöl oder Palmöl ersetzt wird, worunter Geschmack und Textur leicht verfälscht werden.

Kakaopulver

Nicht zu verwechseln mit gezuckertem Trinkschokoladenpulver. Bereits durch die Zugabe von wenig Kakaopulver kann man Backwaren und Desserts ein schokoladiges Aroma verleihen.

Schmelzen

Für Kuchen oder Desserts wird Schokolade sehr häufig in flüssiger Form verwendet. Schokolade ist in der Regel eine Emulsion aus mehreren, auch flüssigen Bestandteilen, die gerinnen können, wenn die Schokolade falsch erhitzt wird. Bei zu starker Hitze klumpt sie oder brennt an. Neben zu großer Hitze kann Schokolade auch durch Wasser Schaden nehmen. Deshalb sollten Töpfe und Utensilien stets absolut trocken sein.

In der Mikrowelle

Dunkle Schokolade: auf mittlerer Stufe etwa 2 Minuten
Vollmilch- und weiße Schokolade: auf niedriger Stufe etwa 2 Minuten
Die Schokolade wird glänzend. Alle 30 Sekunden überprüfen und rühren.

Im Ofen

Den Backofen auf 110 °C vorheizen. Die Schokolade hacken, in eine ofenfeste Schüssel geben und einige Minuten in den Ofen stellen. Herausnehmen, bevor sie vollständig geschmolzen ist, und glatt rühren.

Im Wasserbad

Die Schokolade zerkleinern, damit sie schneller und gleichmäßiger schmilzt. In eine trockene, hitzebeständige Schüssel geben. Die Schüssel über einen Topf mit siedendem (nicht sprudelnd kochendem) Wasser setzen. Der Schüsselboden darf keinen Wasserkontakt haben, und die Schüssel selbst sollte dicht auf dem Topfrand sitzen, sodass kein Wasserdampf entweichen kann. Die Schokolade unter Rühren sanft schmelzen.

Direkte Hitze

Über direkter Hitze sollte Schokolade nur zusammen mit anderen Zutaten wie Milch oder Sahne geschmolzen werden. Die Flüssigkeit in einem Topf sanft erhitzen. Die gehackte Schokolade einrühren. Sobald die Schokolade geschmolzen ist, den Topf vom Herd nehmen.

Eclairs mit weisser Schokolade & Passionsfrucht

Ergibt 10

Diese leichten, fruchtigen Eclairs mit dem Überzug aus weißer Schokolade überzeugen durch exotische Aromen. Passt auf eine sommerliche Kaffeetafel.

Zubereitung: 30 Minuten, plus Abkühlen und Ruhen   Koch- und Backzeit: 45 Minuten

Zutaten

50 g Butter
60 g Weizenmehl, gesiebt
1 Prise Salz
2 Eier (Größe L)
200 g Schlagsahne
2 Passionsfrüchte

Glasur

200 g weiße Schokolade, in Stücke gebrochen
gelbe Zuckerschrift (optional)

1. Den Backofen auf 200 °C vorheizen. Zwei Backbleche mit Backpapier auslegen.

2. Die Butter mit 150 ml Wasser in einem großen Topf zum Kochen bringen. Den Topf vom Herd nehmen, Mehl und Salz auf einmal hineingeben und kräftig unterrühren. Den Topf wieder auf den Herd setzen und mit einem Holzlöffel rühren, bis sich ein dünner weißer Film am Topfboden bildet und der Teig sich zum Kloß formt. Den Topf vom Herd nehmen und 1–2 Minuten abkühlen lassen.

3. Nacheinander die Eier sorgfältig einarbeiten, bis ein glatter, glänzender Teig entstanden ist. Den Teig in einen Spritzbeutel mit 25-mm-Sterntülle füllen und zehn Stränge à 8–10 cm Länge auf die vorbereiteten Bleche spritzen.

4. Im vorgeheizten Ofen 15 Minuten backen. Die Ofentür öffnen, damit der Dampf entweichen kann, dann weitere 10 Minuten goldbraun backen. Auf einem Kuchengitter abkühlen lassen.

5. Die Sahne steif schlagen. Die Passionsfrüchte halbieren, das Mark mit einem Teelöffel herausschaben und unter die Sahne ziehen. Die Sahne entweder mit einem Spritzbeutel von der Unterseite in die Eclairs füllen oder die Eclairs aufschneiden und die Füllung zwischen den Hälften verstreichen.

6. Für die Glasur die Schokolade im Wasserbad schmelzen. Die Schokolade mit einem Teelöffel auf den Eclairs verstreichen. Für die Verzierung nach Belieben mit gelber Zuckerschrift zwei bis drei Längslinien auf die Glasur spritzen. Einen Holzspieß quer dazu abwechselnd nach rechts und nach links durchziehen. Mindestens 30 Minuten fest werden lassen.

Schokoladen-Donuts

Diese leckeren Donuts sind im Handumdrehen zubereitet, denn sie bestehen aus einem schnellen Rührteig und nicht aus Hefeteig. Das erspart die lange Gehzeit.

Ergibt 14

Zubereitung: 25 Minuten, plus Ruhen Frittier- und Kochzeit: etwa 1 Stunde

Zutaten

125 ml lauwarme Milch
1 Ei
1 TL Vanilleextrakt
30 g Kakaopulver
220 g Weizenmehl, plus etwas mehr zum Bestäuben
½ TL Backnatron
½ TL Backpulver
½ TL Salz
100 g feiner Zucker
25 g Butter
Öl, zum Ausbacken

Glasur

40 g Zartbitterschokolade, in Stücke gebrochen
40 g weiße Schokolade, in Stücke gebrochen

1. Milch, Ei und Vanilleextrakt in einer Schüssel verrühren.

2. Kakaopulver, Mehl, Natron, Backpulver, Salz und Zucker in der Küchenmaschine mit Flachrührer mischen. Die Butter einarbeiten. Bei laufendem Motor die Milchmischung in einem dünnen Strahl zugießen und rühren, bis ein glatter, dicker Teig entstanden ist.

3. Den Teig 20 Minuten ruhen lassen.

4. Den Teig auf einer bemehlten Arbeitsfläche 1 cm dick ausrollen und mit einem Donut-Ausstecher 14 Ringe ausstechen.

5. Reichlich Öl in einem großen Topf oder einer Fritteuse auf 180–190 °C erhitzen. Die Donuts nacheinander ins heiße Fett gleiten lassen und 2 Minuten von jeder Seite goldbraun ausbacken. Mit einem Schaumlöffel herausheben und auf Küchenpapier abtropfen lassen.

6. Für die Glasur die beiden Schokoladensorten getrennt in hitzebeständige Schüsseln geben und im Wasserbad schmelzen. Je sieben Donuts mit der weißen bzw. der dunklen Schokolade überziehen. Wenn die Glasur fest ist, mit der jeweils anderen Schokolade verzieren.

VARIANTE
Sie können die weiße oder die dunkle Schokolade durch Vollmilchschokolade ersetzen.

TIP

Das Eiweiß sollte rasch unter die Schokolade gehoben werden, damit diese nicht klumpt.

Brownie-Mousse-Trifle

Besonderen Eindruck macht es, wenn Sie dieses Dessert in Verrines (kleinen Gläsern) servieren, damit die Schichten auch von außen zu erkennen sind.

Ergibt 4

Zubereitung: 30 Minuten, plus Kühlen   Kochzeit: 5 Minuten

Zutaten

120 g weiße Schokolade, fein gehackt

4 Eiweiß (Größe L)

2 EL feiner Zucker

4 Brownies à 100 g, ersatzweise Schokoladenbiskuit

8 EL Dulce de Leche (Karamellmilchcreme)

100 g Schlagsahne

1 EL Kakaopulver, zum Bestäuben

1. Die Schokolade im Wasserbad schmelzen.

2. Das Eiweiß in einer Schüssel halb steif schlagen. Den Zucker einrieseln lassen und weiterrühren, bis der Eischnee fest ist.

3. Ein Drittel des Eischnees mit einem Schneebesen unter die flüssige Schokolade rühren. Den restlichen Eischnee mit einem Teigschaber locker unterheben.

4. Die Brownies auf den Durchmesser der Serviergläser zurechtschneiden. Die Reste aufbewahren. Die Brownie-Kreise waagerecht in zwei Böden schneiden.

5. Die Hälfte der Schokoladen-Mousse in die Gläser füllen. Mit einer Brownie-Scheibe belegen und mit je 1 Esslöffel Dulce de Leche bestreichen. Die Zutaten ein weiteres Mal in dieser Reihenfolge in die Gläser schichten.

6. Die Sahne halb steif schlagen und auf die Schichtspeise geben. Die Brownie-Reste darüberkrümeln und mit Kakaopulver bestäuben. Mindestens 4 Stunden oder über Nacht im Kühlschrank ziehen lassen.

Zimt-Madeleines mit weißem Schokoguss

Unsere Version des französischen Feingebäcks in Muschelform schmeckt mindestens genauso gut wie das klassische Rezept.

Ergibt 12

Zubereitung: 30 Minuten, plus Ruhen und Abkühlen   Back- und Kochzeit: 15–20 Minuten

Zutaten

2 Eier
50 g brauner Zucker
50 g feiner Zucker
100 g Weizenmehl, gesiebt, plus ewas mehr zum Bestäuben
100 g Butter, zerlassen, plus ewas mehr zum Einfetten
1 TL Backpulver
½ TL Zimt
2 EL Kakaopulver, gesiebt
1 TL Vanilleextrakt
100 g weiße Schokolade, in Stücke gebrochen, zum Garnieren

1. Den Backofen auf 200 °C vorheizen. Eine 12er-Madeleine-Form mit zerlassener Butter einfetten und mit Mehl ausstäuben.

2. Die Eier mit beiden Zuckersorten in einer Schüssel hell und schaumig rühren.

3. Mehl, Butter, Backpulver, Zimt, Kakaopulver und Vanilleextrakt unterheben und den Teig 20 Minuten ruhen lassen.

4. Den Teig in die vorbereiteten Vertiefungen füllen und im Ofen 8–10 Minuten backen, bis er schön aufgegangen ist. Die Madeleines 1–2 Minuten abkühlen lassen, dann vorsichtig aus der Form lösen und auf einem Kuchengitter vollständig abkühlen lassen.

5. Für die Garnierung die Schokolade in einer hitzebeständigen Schüssel im Wasserbad schmelzen. Die Madeleines zu einem Drittel hineintauchen und auf einem Backblech fest werden lassen. Madeleines schmecken am besten am Tag der Zubereitung.

Zimt-Schoko-Schnecken

Ergibt 12

Sie können sich nicht zwischen würzigen Zimtschnecken oder feinblättrigem Pain au Chocolat entscheiden? Nun, dann haben wir hier die Lösung.

Zubereitung: 20 Minuten, plus Ruhen und Abkühlen   Koch- und Backzeit: 20–25 Minuten

Zutaten

100 g Zartbitterschokolade, in Stücke gebrochen

320 g Blätterteig (aus dem Kühlregal)

25 g zerlassene Butter

2 EL feiner Zucker

1½ TL Zimt

Puderzucker, zum Bestäuben

1. Die Schokolade im Wasserbad schmelzen. Dann 15 Minuten unter gelegentlichem Rühren abkühlen lassen.

2. Den Blätterteig auf einer Arbeitsfläche ausbreiten, großzügig mit zerlassener Butter bestreichen und etwa 10 Minuten ruhen lassen. Mit der flüssigen Schokolade bestreichen. Zucker und Zimt in einer Schale mischen und über die Schokolade streuen.

3. Den Blätterteig von einer Längsseite aufrollen und zum Schluss mit Butter bestreichen. Im Kühlschrank 15 Minuten ruhen lassen. Den Backofen auf 220 °C vorheizen. Mit der restlichen flüssigen Butter eine 12er-Muffinform einfetten.

4. Die Blätterteigrolle mit einem Sägemesser in zwölf gleich dicke Scheiben schneiden und in die vorbereiteten Formen legen, da können sie sich beim Backen nicht entrollen.

5. Im vorgeheizten Ofen 15–20 Minuten goldbraun backen. Die Schnecken 5 Minuten abkühlen lassen, dann aus der Form lösen und auf ein Kuchengitter heben. Mit Puderzucker bestäuben und lauwarm oder kalt servieren.

VARIANTE

Für eine feine Kaffeenote können Sie den Zimt durch 2 Teelöffel Instantkaffeepulver ersetzen.

Blondies mit weißer Schokolade

Ergibt 12

Zum morgendlichen Kaffee sind diese saftig weichen Blondies das i-Tüfelchen. Der Teig wird in einer Schüssel gerührt und ist in maximal 25 Minuten gebacken.

Zubereitung: 15 Minuten, plus Abkühlen   Backzeit: 20–25 Minuten

Zutaten

120 g Butter, zerlassen, plus etwas mehr zum Einfetten

230 g hellbrauner Zucker

2 Eier

1 TL Vanilleextrakt

150 g Mehl

1 Prise Salz

80 g weiße Schokoladentropfen oder -stücke

1. Den Backofen auf 200 °C vorheizen. Eine flache, quadratische Backform mit 20 cm Seitenlänge einfetten und Boden und Seiten mit Backpapier auslegen.

2. Die zerlassene Butter mit dem Zucker in eine große Schüssel geben und mit einem Schneebesen zügig verrühren.

3. Eier und Vanilleextrakt unterschlagen, Mehl und Salz hineinsieben und den Teig glatt rühren. In die vorbereitete Backform gießen und mit einer Teigkarte glatt streichen. Mit den Schokoladentropfen oder -stücken bestreuen.

4. 20–25 Minuten im vorgeheizten Ofen goldbraun backen, bis der Teig eben gar ist (in der Mitte sollte er noch etwas weich sein). 10 Minuten in der Backform abkühlen lassen. Dann herausnehmen und in zwölf Quadrate schneiden.

TIPP
Zusätzlich zu Schokoladentropfen, bietet der Handel nun auch Schokoladenstücke an.

Kürbis-Schoko-Schnitten

Dieses kreative Rezept ist inspiriert vom klassischen amerikanischen Pumpkin Pie. Mit dunkler Schokolade schmeckt das Ganze noch viel besser.

Ergibt 16

Zubereitung: 25 Minuten, plus Kühlen   Koch- und Backzeit: gut 1 Stunde

TIPP

Gegen Ende der Backzeit sollten Sie den Kuchen nicht aus den Augen lassen. Wenn der Belag zu schnell bräunt, decken Sie die Oberfläche locker mit Alufolie ab.

Zutaten

250 g Vollkornbutterkekse
200 g Zartbitterschokolade
50 g Butter, zerlassen, plus etwas mehr zum Einfetten
400 g Frischkäse
400 g feiner Zucker
400 g gegartes Kürbisfruchtfleisch, frisch gekocht oder aus der Dose
3 Eier (Größe L)
1 TL Vanilleextrakt
40 g Weizenmehl
1 TL Zimt
½ TL Salz

1. Den Backofen auf 180 °C vorheizen. Eine quadratische Backform (24 cm x 24 cm) einfetten und mit Backpapier auslegen. Die Kekse im Mixer zu groben Krümeln verarbeiten.

2. 75 g Schokolade im Wasserbad schmelzen. Butter und flüssige Schokolade in die Kekskrümel einarbeiten. In die vorbereitete Form geben und mit einem Löffelrücken fest auf den Boden drücken. Im vorgeheizten Ofen 12–15 Minuten backen. Dann auf einem Kuchengitter abkühlen lassen (den Ofen nicht abschalten).

3. Den Frischkäse in einer Schüssel glatt rühren. Zucker, Kürbis, Eier, Vanilleextrakt, Mehl, Zimt und Salz sorgfältig unterrühren.

4. Die restliche Schokolade im Wasserbad schmelzen. Die Schüssel aus dem Wasserbad nehmen und etwa 200 g Kürbismasse sorgfältig unterrühren.

5. Die restliche Kürbismasse auf dem Teigboden verstreichen. Die Schokoladen-Kürbis-Masse in gut esslöffelgroßen Portionen daraufsetzen und ein Messer durchziehen, sodass ein Marmoreffekt entsteht.

6. Den Kuchen wieder in den Ofen schieben und 40–50 Minuten backen. Der Belag sollte beim Herausnehmen aus dem Ofen noch nicht ganz fest sein. Abkühlen lassen, dann mit Frischhaltefolie abdecken und 2 Stunden oder über Nacht im Kühlschrank ganz fest werden lassen. In 16 längliche Stücke schneiden.

Zebratörtchen
mit warmer Schokoladensauce

Ergibt 6

Diese hübschen kleinen Kuchen mit der köstlichen Sauce sind ein spektakuläres Dessert. Sie können für die Sauce auch Vollmilch- oder weiße Schokolade verwenden.

Zubereitung: 40 Minuten Koch- und Backzeit: 25–30 Minuten

Zutaten

125 ml Pflanzenöl, plus etwas mehr zum Einfetten
125 g feiner Zucker
4 EL Milch
2 Eier, verquirlt
150 g Weizenmehl, gesiebt, plus etwas mehr zum Ausstäuben
2 TL Backpulver
15 g Kakaopulver, gesiebt

Sauce

300 g Schlagsahne
200 g Zartbitterschokolade, gehackt
1 EL heller Sirup
25 g Butter

1. Sechs Backförmchen (175 ml Volumen) dünn mit Öl einfetten und mit Mehl ausstäuben. Den Backofen auf 180 °C vorheizen.

2. Öl, Zucker, Milch und Eier in einer Schüssel verquirlen. Die Hälfte in eine zweite Schüssel füllen.

3. 100 g Mehl und 1 TL Backpulver unter eine Teighälfte rühren. Das übrige Mehl und Backpulver mit dem Kakao in die andere Teighälfte rühren. Beide Teigportionen sollten dieselbe zähflüssige Konsistenz haben. Gegebenenfalls etwas Milch einarbeiten.

4. Den Boden der vorbereiteten Förmchen mit hellem Teig bedecken. Etwas dunklen Teig in die Mitte daraufsetzen. Weiter abwechselnd hellen und dunklen Teig in die Mitte geben. Die Förmchen auf ein Backblech setzen und im vorgeheizten Ofen 20–25 Minuten backen, bis der Teig schön aufgegangen ist. Zur Garprobe einen Holzspieß in die Mitte stechen; er sollte trocken und sauber wieder herauskommen. Bis zum Servieren in den Förmchen abkühlen lassen.

5. Inzwischen für die Sauce die Sahne in einem Topf bis knapp unter den Siedepunkt erhitzen. Hitze stark reduzieren. Schokolade, Sirup und Butter zufügen und rühren, bis die Zutaten geschmolzen und die Sauce glatt und glänzend ist.

6. Die Törtchen auf Dessertteller stürzen. Mit der Sauce übergießen und sofort servieren.

Schoko-Polenta-Kuchen

Eine Kugel Vanilleeiscreme oder ein Löffel Crème fraîche und ein paar frische Beeren machen aus diesem saftigen Schokoladenkuchen ein wunderbares Dessert.

Für 6

Zubereitung: 15 Minuten Backzeit: 15–20 Minuten

Zutaten

90 g Mehl

1 TL Backpulver

25 g Kakaopulver, plus etwas mehr zum Bestäuben

60 g Polenta

120 g weiche Butter, plus etwas mehr zum Einfetten

120 g Feinstzucker

2 Eier (Größe L)

fertige Schokoladensauce, zum Beträufeln

Vanilleeis oder Crème fraîche mit Beeren, zum Servieren (nach Belieben)

1. Den Backofen auf 200 °C vorheizen. Eine flache, runde Backform mit 20 cm Ø einfetten und den Boden mit Backpapier auslegen. Mehl, Backpulver und Kakaopulver in eine Schüssel sieben und Polenta, Butter, Zucker und Eier zugeben. 1–2 Minuten mit dem elektrischen Handmixer rühren.

2. Die Mischung in die vorbereitete Backform füllen und glatt streichen. 15–20 Minuten im vorgeheizten Ofen backen, bis der Kuchen aufgegangen ist und sich fest anfühlt.

3. Den Kuchen vorsichtig aus der Backform heben und auf ein Kuchengitter setzen. Mit Kakaopulver bestäuben, mit Schokoladensauce beträufeln und in sechs Stücke schneiden. Warm oder kalt servieren.

Variante

Zitrusaroma: Kakaopulver durch 25 g Mehl und 1 Msp. Backpulver ersetzen; abgeriebene Schale und Saft von 1 Bio-Zitrone zufügen. 18–24 Minuten backen.

Zart schmelzend

Schokoladen-Mousse mit Chili-Kick

Dieses himmlische Dessert hat eine feine Rumnote und fruchtige Orangen- und Kirscharomen, abgerundet durch einen überraschenden Chili-Kick.

Für 4

Zubereitung: 20 Minuten, plus Kühlen und Ruhen   Kochzeit: 5 Minuten

Zutaten

150 g Zartbitterschokolade (70 % Kakaoanteil), in Stücke gebrochen
1 Prise Salz
4 Eier (Größe L), getrennt
50 g feiner Zucker
150 g Schlagsahne
1 TL Chilipulver
2 TL fein abgeriebene Bio-Orangenschale
100 g getrocknete Sauerkirschen
100 ml dunkler Rum
50 g geröstete Haselnusskerne

1. Die Schokolade in eine hitzebeständige Schüssel geben und unter gelegentlichem Rühren im Wasserbad schmelzen. Auf Zimmertemperatur abkühlen lassen.

2. Salz, Eigelb und Zucker in die abgekühlte Schokolade rühren.

3. Die Sahne in einer zweiten Schüssel halb steif schlagen.

4. Das Eiweiß in einer sauberen Schüssel steif schlagen.

5. Chilipulver und 1 Teelöffel Orangenabrieb in die Schokoladenmasse rühren. Die Sahne und dann den Eischnee unterheben. Die Mousse in vier Dessertgläser füllen und 2 Stunden im Kühlschrank fest werden lassen.

6. Inzwischen die Kirschen im Rum einweichen. Die Haselnüsse grob hacken.

7. Zum Servieren die Mousse aus dem Kühlschrank nehmen und mit abgetropften Kirschen, gehackten Haselnüssen und der restlichen Orangenschale krönen.

Zitronen-Schokoladen-Trüffeln

Ergibt 12

Wenn Sie diesen Trüffeln eine orientalische Note geben wollen, fügen Sie der Schokoladensahne eine Prise gemahlenen Kardamom und Sternanis hinzu.

Zubereitung: 40 Minuten, plus Ruhen und Kühlen   Kochzeit: 10 Minuten

Zutaten

300 g weiße Schokolade, grob gehackt

2 EL Schlagsahne

fein abgeriebene Schale von 1 Bio-Zitrone

2 EL Limoncello (Zitronenlikör)

60 g weiche Butter

25 g Pistazienkerne, grob gehackt

1. 100 g Schokolade mit der Sahne im Wasserbad erhitzen, bis die Schokolade geschmolzen ist.

2. Vom Herd nehmen. Zitronenschale, Limoncello und Butter zufügen und 3–4 Minuten mit dem Schneebesen glatt rühren. In einen luftdichten Behälter füllen und 6–8 Stunden im Kühlschrank relativ fest werden lassen.

3. Ein Backblech mit Backpapier auslegen. Je 1 Teelöffel der Ganache zwischen den Handinnenflächen zu einer Kugel formen. Auf das vorbereitete Backblech legen, mit Frischhaltefolie abdecken und 6–8 Stunden tiefkühlen.

4. Die restliche Schokolade in einer hitzebeständigen Schüssel im Wasserbad erhitzen, bis sie geschmolzen ist. Jede Trüffel mithilfe von zwei Gabeln in die geschmolzene Schokolade tauchen und gleichmäßig ummanteln. Anschließend wieder auf das Backblech setzen, mit gehackten Pistazienkernen bestreuen und 1–2 Stunden im Kühlschrank fest werden lassen. In einem luftdicht schließenden Behälter können die Trüffeln bis zu 5 Tage im Kühlschrank aufbewahrt werden.

Schokoladen-Semifreddo

Für 8

***Semifreddo* bedeutet „halb gefroren" und ist eine leicht zu portionierende Eiscreme. Ein tolles Dessert, das sich prima vorbereiten lässt.**

Zubereitung: 40 Minuten, plus Kühlen und Einfrieren   Kochzeit: 10 Minuten

Zutaten

1 TL Pflanzenöl, zum Einfetten

100 g Zartbitterschokolade

4 Eier (Größe L), getrennt

100 g feiner Zucker

300 g Schlagsahne

200 g Vollkornbutterkekse, zerkrümelt, plus 1 Keks, zum Garnieren

150 g Dulce de Leche (Karamellmilchcreme)

75 g weiße Minimarshmallows

1. Eine Kastenform (1 l Volumen) einfetten und mit Frischhaltefolie auslegen. Die Hälfte der Schokolade im Wasserbad schmelzen. Abkühlen lassen.

2. Eigelb und Zucker in einer Schüssel dickschaumig rühren.

3. Eiweiß in einer sauberen, fettfreien Schüssel steif schlagen. Die Sahne in einer weiteren Schüssel steif schlagen.

4. Die Sahne unter die Ei-Zucker-Masse heben. Dann die Schokolade und zuletzt den Eischnee unterheben. Ein Drittel der Masse in die vorbereitete Form füllen. Die Hälfte der Kekse darauf verteilen und mit der Hälfte der Dulce de Leche überziehen. Mit den restlichen Keksen und der Dulce de Leche wiederholen. Mit der restlichen Schokoladenmasse bedecken. Mit Frischhaltefolie bedecken und mindestens 6 Stunden einfrieren.

5. Das Semifreddo aus dem Gefrierfach holen und antauen lassen. Inzwischen für die Garnierung die restliche Schokolade im Wasserbad schmelzen.

6. 50 g Marshmallows mit ½ Teelöffel Wasser in der Mikrowelle 10–15 Sekunden auf niedriger Stufe erhitzen. Rühren, bis die Masse dickflüssig ist.

7. Das Semifreddo auf eine Platte stürzen und mit der Marshmallowcreme beträufeln. Die restlichen ganzen Marshmallows darauf verteilen. Mit der dunklen Schokolade im Zickzackmuster beträufeln. Den zusätzlichen Keks zerkrümeln und über das Semifreddo streuen. Sofort servieren.

TIPP

Wenn die Dulce de Leche relativ fest ist, wärmen Sie sie in der Mikrowelle oder in einem Wasserbad an, um sie flüssiger zu machen. Träufeln Sie sie gleichmäßig im Zickzackmuster über die Schokoladenmasse.

Mississippi Mud Pie

Eine üppige Schokoladentorte aus dem Süden der USA, die mit einer Kugel Vanilleeis noch unwiderstehlicher wird.

Für 6–8

Zubereitung: 30 Minuten, plus Abkühlen   Back- und Kochzeit: 35–40 Minuten

Zutaten

Teig

175 g Weizenmehl, plus etwas mehr zum Bestäuben
25 g Kakaopulver
40 g hellbrauner Zucker
80 g Butter

Füllung

80 g Zartbitterschokolade
80 g Butter
80 g hellbrauner Zucker
2 Eier, verquirlt
100 g Schlagsahne
1 TL Vanilleextrakt

Garnierung

250 g Schlagsahne
80 g Zartbitterschokolade

1. Den Backofen auf 200 °C vorheizen. Für den Teig Mehl und Kakaopulver in eine Schüssel sieben. Den Zucker untermischen. Die Butter mit den Fingern hineinreiben, bis eine feinkrümelige Masse entstanden ist. Die Krümel mit 2–3 Esslöffeln kaltem Wasser binden und rasch zu einem Teig verkneten.

2. Den Teig auf einer leicht bemehlten Arbeitsfläche kreisrund ausrollen und eine kleine Tarteform (20 cm Ø) damit auskleiden. Den Boden mehrmals mit einer Gabel einstechen, mit einem Bogen Backpapier belegen und mit getrockneten Hülsenfrüchten beschweren. Im vorgeheizten Ofen 10 Minuten blindbacken. Den Tortenboden aus dem Ofen nehmen. Backpapier samt Bohnen entfernen. Die Ofentemperatur auf 180 °C reduzieren.

3. Für die Füllung Schokolade und Butter in einem Topf bei niedriger Hitze rühren, bis beides geschmolzen ist. Zucker und Eier in einer Schüssel dickschaumig rühren. Schokolade-Butter-Mischung, Sahne und Vanilleextrakt unterrühren.

4. Die Schokoladenmasse auf den Teigboden geben, glatt streichen und 20–25 Minuten backen, bis die Masse fest ist. Abkühlen lassen.

5. Für die Garnierung die Sahne steif schlagen und auf der Torte verstreichen. Die Schokolade im Wasserbad schmelzen. In einen Spritzbeutel mit feiner Tülle füllen und in dekorativen Mustern auf die Sahne spritzen. Gut gekühlt servieren.

Schokoladen-fondue

Für 4–6

Dieses Fondue ist lecker und unterhaltsam für eine gemütliche Runde oder den Kindergeburtstag. Putzen Sie die Früchte erst kurz vor dem Servieren.

Zubereitung: 5 Minuten Kochzeit: 45–60 Minuten

Zutaten

Butter, zum Einfetten
225 g Schlagsahne
350 g Zartbitterschokolade, gehackt
1 TL Vanilleextrakt

Zum Servieren

250 g Erdbeeren, geputzt
2 feste Bananen, geschält, in Scheiben
1 Apfel, gewürfelt
Marshmallows (nach Belieben)

1. Den Schongarer innen einfetten. Sahne und Schokolade hineingeben und mischen. Den Deckel schließen und 45–60 Minuten unter gelegentlichem Rühren garen, bis die Schokolade vollständig geschmolzen ist. Den Vanilleextrakt unterrühren.

2. Die Schokolade entweder im Schongarer lassen oder in einen Fonduetopf mit Rechaud umfüllen. Sofort mit dem Obst und, falls verwendet, Marshmallows servieren.

TIPP

Falls Sie keinen Schongarer besitzen, können Sie die Schokolade und die Sahne auch im Wasserbad erhitzen, aber dann muss die hitzebeständige Schüssel ausreichend groß sein.

Schoko-Vanilleeis-Torte

Diese Torte aus Schichten von cremigem Vanilleeis und knusprigen Schokoteigböden lohnt den Aufwand durchaus, denn sie schmeckt einfach köstlich!

Für 8–10

Zubereitung: 30 Minuten, plus Kühlen und Einfrieren   Backzeit: 15 Minuten

Zutaten

175 g weiche Butter
200 g brauner Zucker
100 g feiner Zucker
1 Ei
1 Eigelb
1 TL Vanilleextrakt
250 g Mehl
½ TL Salz
½ TL Backnatron
325 g Zartbitterschokolade, gehackt
2 Liter gutes Vanilleeis

1. Butter und beide Zuckersorten 8 Minuten auf hoher Stufe in der Küchenmaschine oder mit dem Handmixer hell und cremig rühren. Dann auf niedriger Stufe nach und nach Ei, Eigelb und Vanilleextrakt einarbeiten. Mehl, Salz und Backnatron darübersieben und auf niedriger Stufe unterrühren. Die Schokolade zügig unterheben. Den Teig 30 Minuten im Kühlschrank ruhen lassen.

2. Den Backofen auf 180 °C vorheizen. Je einen Kreis mit 24 cm Ø auf drei Bögen Backpapier aufzeichnen und die Bögen auf Backbleche legen.

3. Den Teig dritteln und auf die Backpapierkreise drücken bzw. ausrollen. Dabei darauf achten, dass die Teigscheiben gleichmäßig dick sind.

4. Im vorgeheizten Ofen, gegebenenfalls einzeln, 15 Minuten backen. Auf den Blechen abkühlen lassen.

5. Inzwischen die Eiscreme bei Zimmertemperatur antauen.

6. Einen Backring um einen Teigboden legen. Den ersten Boden mit der Hälfte der mittlerweile weichen Eiscreme bestreichen. Den zweiten Teigboden auflegen und die restliche Eiscreme darauf verstreichen. Mit dem dritten Teigboden abschließen, diesen vorsichtig andrücken.

7. Die Eistorte etwa 4 Stunden im Gefrierfach fest werden lassen. 10 Minuten vor dem Servieren wieder zum Antauen herausnehmen, damit sich die Torte besser aus der Form lösen und schneiden lässt. Sofort servieren.

TIPP

Die Schokolade wird in den Förmchen sehr schnell fest. Deshalb sollten Sie zügig den Lollistiel hineinstecken und sie mit den Schokostreuseln bestreuen.

Schokolade am Stiel

Wer hätte gedacht, dass ein bisschen Schokolade am Stiel so viel Spaß macht? Lösen Sie die Lollis in heißer Milch auf, und schon haben Sie eine köstliche heiße Schokolade.

Ergibt 10–15

Zubereitung: 5–10 Minuten, plus Ruhen   Kochzeit: 5–10 Minuten

Zutaten

200 g Zartbitterschokolade, Vollmilch- oder weiße Schokolade oder eine Mischung, fein gehackt

2–4 EL nach Wahl:
Instantkaffeegranulat
Kokosraspel
geröstete Nüsse
Minimarshmallows
Schokoladenstreusel
Zuckerperlen
Milch, zum Servieren

1. Die Schokolade im Wasserbad schmelzen. (Wenn Sie mehrere Schokoladensorten verwenden, schmelzen Sie sie in getrennten Schüsseln.)

2. Die Schokolade in kleine Silikonbackförmchen oder Pralinenförmchen füllen. Abkühlen lassen, bis die Masse anzieht. Dann einen Lolli- oder Eisstiel, einen hölzernen Kaffeerührer oder Holzlöffel hineinstecken.

3. Rings um den Stiel die gewünschte Garnierung auf die Schokolade streuen und ganz fest werden lassen.

4. Zum Servieren pro Person ein Glas Milch erhitzen. Die Schokolade am Stiel hineingeben und schmelzen lassen. Sofort servieren.

Schokoladen-Cheesecake

Sahneliköre sind die perfekte Zutat für Cheesecakes, denn sie sorgen für eine feine, cremige Alkoholnote.

Für 8

Zubereitung: 30 Minuten, plus Kühlen Kochzeit: 10 Minuten

Zutaten

Pflanzenöl, zum Einfetten

175 g Cookies mit Schokoladenstückchen

50 g Butter

Crème fraîche und frische Früchte, zum Servieren (nach Belieben)

Belag

220 g Zartbitterschokolade, in Stücke gebrochen

220 g Vollmilchschokolade, in Stücke gebrochen

50 g hellbrauner Zucker

350 g Frischkäse

400 g Schlagsahne, halb steif geschlagen

3 EL Irish-Cream-Likör

1. Den Boden einer kleinen Springform (20 cm Ø) mit Backpapier auslegen und den Rand mit Öl einfetten. Die Cookies in einen Gefrierbeutel füllen und diesen verschließen, dann die Cookies mit einer Teigrolle zu Krümeln verarbeiten. Die Butter in einem Topf bei niedriger Hitze zerlassen. Die Cookiekrümel unterrühren. Die Masse auf den Boden der vorbereiteten Form drücken und 1 Stunde im Kühlschrank fest werden lassen.

2. Für den Belag beide Schokoladensorten im Wasserbad schmelzen. Glatt rühren und abkühlen lassen. Zucker und Frischkäse in einer zweiten Schüssel glatt rühren. Die Sahne unterheben. Zuerst die flüssige Schokolade, dann den Likör unterrühren.

3. Die Frischkäsemasse auf den Teigboden geben und glatt streichen. Im Kühlschrank 2 Stunden fest werden lassen. Den Cheesecake aus der Form lösen, auf eine Kuchenplatte heben und in Stücke schneiden. Nach Belieben mit Crème fraîche und frischen Früchten servieren.

TIPP

Servieren Sie zu diesem Cheesecake ein Gläschen Irish-Cream-Likör oder an kalten Tagen auch einen heißen Irish Coffee.

Utensilien

Man benötigt keine besonderen Gerätschaften, um leckere Schokoladenrezepte zuzubereiten. Aber ein paar Utensilien sind dennoch unerlässlich, um tolle Garnierungen herzustellen oder Ihren Kreationen den letzten Schliff zu verleihen.

Utensilien zur Schokoladenverarbeitung

Schmelzen
Bain Marie oder Doppelwandtopf zum Schmelzen von Schokolade im Wasserbad
Ein Zuckerthermometer oder ein digitales Küchenthermometer zum Überprüfen der Schokoladentemperatur beim Temperieren

Kühlen
Eine Marmorplatte zum Verstreichen und schnellen Abkühlen von Schokolade

Garnieren
Raspel und Hobel, Sparschäler und Reiben zum Herstellen von Raspeln und Spänen

Ausstechformen mit unterschiedlichen Motiven (Herzen, Blüten, Sterne, Blätter)
Spritzbeutel (siehe rechte Seite)
Spritztüllen
Küchenpinsel zum Bestreichen

Verarbeiten
Palette und Teigkarte zum Verstreichen von Schokolade und zum Anheben zerbrechlichen Garnierungen
Holzspieße zum Aufbringen von Schokoladengarnierungen
Pinzette zum Anheben und Anbringen von zerbrechlichen und feinen Garnierungen

Papier
Butterbrotpapier zum Herstellen von Papierspritztüten (siehe rechte Seite)
Backpapier zum Auslegen von Backformen und Herstellung von Spritztüten

Backutensilien

Wiegen und Messen
Messbecher
Messlöffel
Küchenwaage

Rühren
Schüsseln
Elektrischer Handmixer
Stabmixer
Küchenmaschine
Teigschaber
Holzlöffel

Teigverarbeitung
Teigrolle
Silikonbackmatte
Marmorplatte
Küchenpinsel
Teigschaber

Backbleche und -formen
Backbleche
Madeleineformen
Muffinblech
Springformen
Tarteform, Torteletttformen
Eckige Backformen oder Backrahmen

Papierbackformen
(Antihaft-)Backpapier
Dauerbackfolie
Papierbackförmchen für Muffins und Cupcakes

Papierspritztüte selbst herstellen

Aus Butterbrot- oder Backpapier ein Quadrat (25 cm x 25 cm) zurechtschneiden. Diagonal knicken und entlang der Faltkante durchschneiden. Pro Tüte wird ein Dreieck benötigt.
Das Dreieck an den beiden spitzen Ecken halten. Die untere spitze Ecke so nach innen eindrehen, dass sie ungefähr über dem rechten Winkel liegt und ein Kegel entsteht. Die beiden Ecken mit Daumen und Zeigefinger festhalten. Nun mit der linken Hand die andere Spitze um den Kegel drehen, sodass die Kegelspitze geschlossen wird und die Spitze ebenfalls über dem rechten Winkel liegt. Die Ränder mehrfach nach innen umschlagen, damit sich die Form nicht mehr lösen kann.
Die Spitze der Tüte etwa 1 cm breit abschneiden und eine Spritztülle einsetzen. Wenn keine Tülle eingesetzt wird und die Spritztüte zum Verzieren mit feinen Linien und Tupfen genutzt werden soll, nur eine sehr kleine Spitze abschneiden.

Füllen und verschließen

Die Papierspritztüte in ein Glas stellen und maximal zu zwei Dritteln mit flüssiger Schokolade oder Zuckerguss füllen. Die Tüte mehrfach umschlagen. Während des Spritzens die Tüte weiter umschlagen und so die Masse nach unten drücken.

Mousse-au-Chocolat-Torteletts

Schokoladen-Mousse ist wunderbar cremig und locker. Der Geschmack hängt von der Qualität der Schokolade ab. Kaufen Sie deshalb möglichst hochwertige Schokolade.

Ergibt 6

Zubereitung: 45 Minuten, plus Kühlen   Back- und Kochzeit: 40 Minuten

Zutaten

Teig

250 g Weizenmehl, plus etwas mehr zum Bestäuben

1 Prise Salz

50 g feiner Zucker

140 g Butter

1 Ei

fein abgeriebene Schale von 1 Bio-Zitrone

Füllung

375 g Schlagsahne

350 g Zartbitterschokolade (70 % Kakaoanteil), in Stücke gebrochen

5 Eigelb

50 g feiner Zucker

Meersalzflocken, zum Garnieren (nach Belieben)

1. Den Backofen auf 180 °C vorheizen. Für den Teig Mehl, Salz, Zucker, Butter, Ei und Zitronenschale in einer Schüssel zu einem Teig kneten. Den Teig zu einer Kugel formen und in Frischhaltefolie eingeschlagen 30 Minuten im Kühlschrank ruhen lassen.

2. Den Teig auf einer leicht bemehlten Arbeitsfläche ausrollen und sechs Tortelettförmchen (10 cm Ø) damit auskleiden. Mit Backpapier auslegen und mit getrockneten Hülsenfrüchten beschweren. Im vorgeheizten Ofen 15 Minuten blindbacken. Backpapier samt Hülsenfrüchten entfernen und die Torteletts weitere 10 Minuten backen.

3. Für die Füllung die Sahne in eine hitzebeständige Schüssel gießen und im Wasserbad erhitzen. Die Schokolade zufügen und schmelzen. Zimmerwarm abkühlen lassen.

4. Eigelb, Zucker und 2½ Esslöffel Wasser in einer zweiten hitzebeständigen Schüssel im Wasserbad 8–10 Minuten erhitzen und kräftig schlagen, bis die Masse eindickt. In die abgekühlte Schokoladensahne gießen und mit einem elektrischen Handmixer 5–6 Minuten weiterschlagen.

5. Die Mousse in die Torteletts füllen und 2–3 Stunden im Kühlschrank fest werden lassen. Gekühlt, nach Belieben mit Meersalzflocken bestreut servieren.

Eisbombe mit Baiser

Diese Kombination aus Baiser und Eiscreme wird alle begeistern. Verwenden Sie eine Eiscreme guter Qualität, die nicht zu schnell schmilzt. Direkt aus dem Ofen servieren.

Für 8

Zubereitung: 30 Minuten, plus Einfrieren   Backzeit: 5 Minuten

Zutaten

500 ml gutes Schokoladeneis
6 fertige Brownies
2 Eiweiß (Größe L)
120 g Feinstzucker
Kakaopulver, zum Bestäuben

1. Eine Dessertschüssel (1 l Volumen) mit Frischhaltefolie auslegen. Die Eiscreme hineingeben. Fest andrücken, eventuell Stücke abschneiden und an den Rändern auffüllen, dann alles glatt streichen. Mit Schokoladen-Brownies bedecken, wenn nötig, zurechtschneiden und ebenfalls fest andrücken. 15 Minuten ins Gefrierfach stellen.

2. Den Backofen auf 220 °C vorheizen. In der Zwischenzeit die Meringenmasse vorbereiten. Das Eiweiß in einer Schüssel mit dem Handmixer ganz steif schlagen. Nach und nach den Zucker löffelweise einrühren, bis der Eischnee fest und glänzend ist.

3. Die Schüssel aus cem Gefrierfach nehmen und auf ein Backblech stürzen. Zügig rundum mit Eischnee überziehen. 5 Minuten im vorgeheizten Ofen backen, bis das Eiweiß Farbe annimmt und soeben fest wird. Leicht mit Kakaopulver bestreut sofort servieren.

VARIANTE

Für kleine Portionen jeden Brownie mit einer Kugel Eiscreme belegen und mit Eischnee überziehen. Nur 3–4 Minuten backen.

TIPP

Für perfekt geformte Cremefüllungen streichen Sie das Kokoseis so dick wie später gewünscht in eine Form, und stechen entsprechend große Kreise daraus aus.

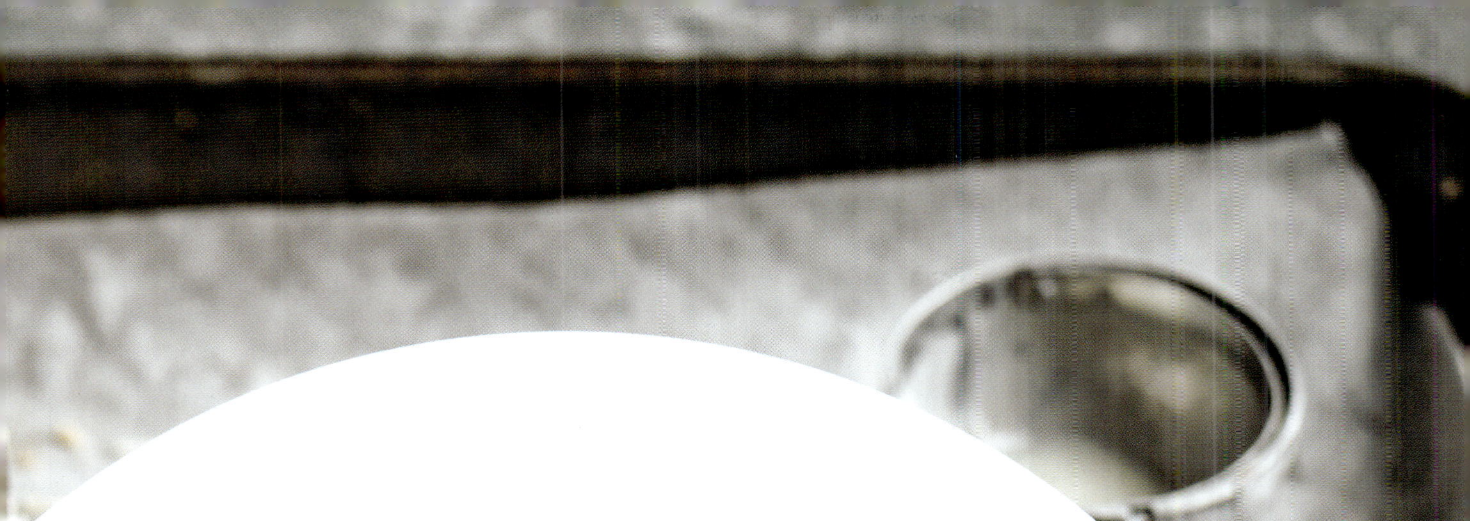

Schokoladen-Kokos-Eis-Sandwiches

Ergibt 4

Wenn Sie den Teigdeckel weglassen und das Eistörtchen mit einer Karamellsauce überziehen, wird daraus ein unwiderstehliches Dessert.

Zubereitung: 30 Minuten, plus Kühlen Back- und Röstzeit: 15–20 Minuten

Zutaten

- 50 g Butter
- 50 g hellbrauner Zucker
- ½ EL heller Sirup
- 50 g Weizenmehl, plus etwas mehr zum Bestäuben
- ½ TL Backpulver
- 25 g Kakaopulver
- 25 g Schokoladentropfen
- 6 EL Kokosraspel
- 4 Kugeln Kokoseis, ersatzweise Vanilleeis

1. Den Backofen auf 180 °C vorheizen. Ein Backblech mit Backpapier auslegen. Butter und Zucker in einer Schüssel hell und cremig schlagen. Den Sirup einrühren. Mehl, Backpulver und Kakaopulver darübersieben und zusammen mit den Schokoladentropfen unterrühren.

2. Den Teig auf einer bemehlten Arbeitsfläche kurz kneten und in acht gleich große Portionen teilen. Zu Kugeln formen und mit den Handflächen etwas flach drücken. Mit ausreichend Abstand auf das vorbereitete Blech legen.

3. Im vorgeheizten Ofen 10–12 Minuten backen. Die Cookies 5 Minuten abkühlen lassen, dann auf ein Kuchengitter heben und vollständig abkühlen lassen.

4. Die Kokosraspel in einer schweren Pfanne bei mittlerer Hitze 1–2 Minuten unter Rühren trocken rösten, bis sie goldgelb sind. Auf einen tiefen Teller geben und abkühlen lassen.

5. Je eine Kugel Eiscreme auf vier Cookies setzen und auf den Durchmesser der Scheibe verstreichen. Mit den verbliebenen Cookies bedecken. Den Rand durch die gerösteten Kokosraspeln rollen. Sofort servieren.

Schoko-Beeren-Raketen

Ergibt 8

Nicht nur Kinder haben bestimmt großen Spaß daran, dieses herrlich fruchtig-schokoladige Eis am Stiel zuzubereiten und zu verzieren!

Zubereitung: 40 Minuten, plus Abkühlen und Einfrieren Kochzeit: 15–20 Minuten

Zutaten

400 g Himbeeren

2 EL Zitronensaft

250 g Zartbitterschokolade, grob gehackt

100 g Zuckerperlen

Läuterzucker

100 g feiner Zucker

1. Für den Läuterzucker Zucker und 200 ml Wasser in einen Topf 6–8 Minuten sanft erhitzen, bis der Zucker sich vollständig aufgelöst hat. Die Hitze erhöhen und den Läuterzucker einmal aufkochen. Die Hitze wieder auf mittlere Stufe reduzieren und 3–4 Minuten ohne Rühren köcheln. Abkühlen lassen.

2. Himbeeren, Zitronensaft und Läuterzucker im Mixer glatt pürieren. Durch ein feines Haarsieb streichen, um die Himbeerkernchen zu entfernen. In acht Eisförmchen (à 100 ml Volumen) füllen und verschießen. Im Gefrierfach 3–4 Stunden fest werden lassen.

3. Wenn das Himbeereis gefroren ist, ein Backblech mit Backpapier auslegen. Die Eisförmchen kurz in warmes Wasser tauchen und das Eis vorsichtig am Stiel herausziehen. Auf das vorbereitete Backblech legen und nochmals 1–2 Stunden tiefkühlen.

4. Die Schokolade in einer hitzebeständigen Schüssel im Wasserbad schmelzen. Etwas abkühlen lassen.

5. Die Zuckerperlen auf einen Bogen Backpapier streuen. Das Eis etwa zur Hälfte in die flüssige Schokolade tauchen, dann in den Zuckerperlen wenden. Wieder auf das Backblech legen und 10–15 Minuten im Gefrierfach fest werden lassen.

Schoko-Karamell-Eiscreme

Schokolade und Sahnekaramell sind eine köstliche Kombination und werden in dieser reichhaltigen Eiscreme noch unwiderstehlicher.

Für 4–6

Zubereitung: 20 Minuten, plus Kühlen und Einfrieren Kochzeit: 20–25 Minuten

Zutaten

300 ml Milch

100 g Zartbitterschokolade, in Stücke gebrochen

25 g Butter

1 TL Vanilleextrakt

125 g feiner Zucker

75 g heller Sirup

4 Eier

300 g Schlagsahne

Eiswaffeln, zum Servieren (nach Belieben)

1. 175 ml Milch in einen schweren Topf füllen. Schokolade, Butter und Vanilleextrakt zufügen und unter Rühren sanft erhitzen. Zucker und Sirup zufügen und zum Kochen bringen. Dann die Hitze reduzieren und 4 Minuten ohne Rühren köcheln lassen. Den Topf vom Herd nehmen.

2. Die Eier in einer Schüssel schaumig aufschlagen. Die Schokoladenmasse unter ständigem Rühren zugießen.

3. Die Masse zurück in den ausgespülten Topf füllen und bei geringer Hitze 10–15 Minuten rühren, bis die Masse eingedickt ist und einen Holzlöffel überzieht.

4. Den Topf vom Herd nehmen. Restliche Milch und Sahne einarbeiten. Den Topf in eine große Schüssel mit Eiswürfeln stellen und die Creme mindestens 1 Stunde abkühlen lassen. Dabei gelegentlich rühren, damit sich keine Haut bildet.

5. Die Masse in die Eismaschine füllen und nach Herstellerangaben fortfahren. Alternativ in einen gefriergeeigneten Behälter füllen und ohne Deckel 1–2 Stunden tiefkühlen, bis das Eis am Rand schon fest ist. In eine Schüssel füllen und mit einer Gabel glatt rühren. Wieder in den Behälter füllen und weitere 2–3 Stunden tiefkühlen, bis das Eis fest ist.

6. Zur weiteren Lagerung den Behälter dicht mit einem Deckel verschließen. Die Eiscreme 15–20 Minuten vor dem Servieren zum Antauen vom Gefrierfach in den Kühlschrank stellen. Nach Belieben mit Eiswaffeln servieren.

Drei-Schokoladen-Mousse

Ergibt 36

Diese eleganten Häppchen können am Vortag zubereitet oder sogar eingefroren werden. Sie sind leichter zu schneiden, wenn sie nicht ganz aufgetaut sind.

Zubereitung: 45 Minuten, plus Kühlen und Einfrieren   Kochzeit: 2 Minuten

Zutaten

50 g Butter

1 EL Kakaopulver

150 g Butterkekse oder Vollkornkekse, zerbröselt

Milchschokoladenröllchen, zum Garnieren

Mousse

4 TL Gelatinepulver

120 g Zartbitterschokolade, grob gehackt

120 g Milchschokolade, grob gehackt

120 g weiße Schokolade, grob gehackt

125 g Butter

6 EL Milch

6 Eier, getrennt, Eiweiß steif geschlagen

½ TL Vanilleextrakt

350 g Schlagsahne, steif geschlagen

1. Eine quadratische Springform mit 20 cm Seitenlänge mit zwei langen Streifen Frischhaltefolie kreuzweise auskleiden.

2. Die Butter in einem Topf zerlassen, dann Kakaopulver und Keksbrösel hineinrühren. Die Mischung auf den Boden der Springform drücken. Abdecken und in den Kühlschrank stellen.

3. 4 Esslöffel Wasser und Gelatinepulver verrühren und 5 Minuten quellen lassen. Die Mischung im Wasserbad erhitzen. Ab und zu umrühren, bis die Gelatine sich aufgelöst hat.

4. Jede Schokoladensorte separat mit je einem Drittel Butter und 2 Esslöffeln Milch im Wasserbad erhitzen, bis die Schokolade geschmolzen ist. In jede Schüssel nacheinander zwei Eigelb einrühren und dann vom Herd nehmen.

5. In jede Schüssel ein Drittel der aufgelösten Gelatine rühren, Vanilleextrakt in die weiße Creme rühren. Je ein Drittel von Sahne und Eiweiß unter jede Schokoladencreme heben.

6. Die Zartbitterschokoladen-Mousse auf die Keksmasse streichen und die Springform 15 Minuten tiefkühlen. Dann die weiße Schokoladen-Mousse darüber verstreichen und 30 Minuten tiefkühlen. Die Milchschokoladen-Mousse, falls nötig, noch einmal mit dem Schneebesen durchrühren und als letzte Schicht in der Springform verstreichen.

7. Vor dem Servieren die Mousse aus der Form lösen. Die Frischhaltefolie entfernen. Die Schokoladen-Mousse mit einem feuchten Messer in sechs Streifen schneiden und jeden Streifen in sechs Quadrate. Das Messer regelmäßig abwischen und neu befeuchten. Auf kleinen Tellern servieren und mit Milchschokoladenröllchen garnieren.

VARIANTE
Ersetzen Sie die Milch durch Kokos- oder Mandelmilch für eine etwas andere Geschmacksnote.

CREMIGES Schokoladen-Risotto

Für 4–6

Wer sagt, dass ein Risotto immer herzhaft sein muss? Dieser cremig-schokoladige Milchreis ist das ultimative Seelenessen.

Zubereitung: 10 Minuten, plus Ruhen Garzeit: 45 Minuten

Zutaten

400 ml Milch
30 g feiner Zucker
100 g Arborio-Reis
1 TL Vanilleextrakt
100 g Zartbitterschokolade, gehackt
4–6 EL Schlagsahne

1. Den Backofen auf 150 °C vorheizen. Eine Auflaufform (1 l Volumen) zum Vorwärmen hineinstellen.

2. Die Milch mit Zucker und Reis in einen Topf geben und bei geringer Hitze bis knapp unter den Siedepunkt erhitzen.

3. Vanilleextrakt und 75 g Schokolade zugeben und rühren, bis die Schokolade geschmolzen ist. Die Mischung in die vorgewärmte Auflaufform füllen. Mit Alufolie abdecken und 30 Minuten im Ofen garen.

4. Den Reis aus dem Ofen nehmen, umrühren und abgedeckt 5 Minuten ausquellen lassen. Die Sahne darüberträufeln. Mit der restlichen Schokolade bestreuen und warm servieren.

Saftiger Kuchen
mit Nuss-Topping

Dieser verführerische Kuchen hat eine leichte Textur und ist herrlich schokoladig. Ideal als verführerisches Dessert oder für eine kleine Party!

Für 12–15

Zubereitung: 30 Minuten, plus Abkühlen   Back- und Kochzeit: 45 Minuten

Zutaten

250 g Weizenmehl, plus etwas mehr zum Bestäuben
400 g Zucker
25 g Kakaopulver
1 TL Backnatron
120 g Butter, plus etwas mehr zum Einfetten
120 g Margarine
125 ml Buttermilch
2 Eier
1 TL Vanilleextrakt

Nuss-Topping

120 g Butter
25 g Kakaopulver
90 ml Milch
450 g Puderzucker
1 TL Vanilleextrakt
120 g Pekannusskerne, gehackt und leicht geröstet

1. Den Backofen auf 200 °C vorheizen. Eine rechteckige Backform (etwa 33 cm x 23 cm) einfetten und mit Mehl ausstäuben. Überschüssiges Mehl ausklopfen.

2. Mehl, Zucker, Kakaopulver und Natron in eine große Schüssel sieben und mischen.

3. 225 ml Wasser, Butter und Margarine in einem Topf bei mittlerer Hitze schmelzen. Dabei ständig mit einem Schneebesen rühren. Buttermilch, Eier und Vanilleextrakt sorgfältig unterrühren. Diese Mischung sorgfältig in die Trockenzutaten einarbeiten.

4. Den Teig in die vorbereitete Form füllen und im vorgeheizten Ofen 25–30 Minuten backen. Zur Garprobe einen Holzspieß in die Mitte stechen; er sollte trocken und sauber wieder herauskommen. Den Kuchen in der Form abkühlen lassen.

5. Für das Topping Butter, Kakaopulver und Milch in einem Topf 5 Minuten sanft erhitzen, bis die Butter geschmolzen ist. Die Hitze auf mittlerer Stufe erhöhen und unter ständigem Rühren zum Kochen bringen. Puderzucker, Vanilleextrakt sowie Nüsse einarbeiten und rühren, bis der Zucker sich aufgelöst hat. Auf dem abgekühlten Kuchen verstreichen.

Eis am Stiel
mit dreierlei Schokolade

Ergibt 8

Ultimatives Eisvergnügen mit dunkler, Milch- und weißer Schokolade, das bestimmt alle Geschmäcker trifft. Das Eis hält sich bis zu drei Monate im Gefrierfach.

Zubereitung: 15 Minuten, plus Kühlen und Einfrieren

Kochzeit: 10 Minuten

Zutaten

300 g Schlagsahne

100 g Zartbitterschokolade, grob gehackt

100 g weiße Schokolade grob gehackt

100 g Vollmilchschokolade, grob gehackt

1. Die Sahne gleichmäßig auf drei kleine Töpfe aufteilen und jeweils eine Schokoladensorte zugeben.

2. Die Schokoladesorten nacheinander bei niedriger Hitze in der Sahne schmelzen und glatt rühren. Dann 10–12 Minuten abkühlen lassen.

3. Die dunkle Schokolade in acht Eisförmchen (à 75 ml Volumen) füllen. Die weiße Schokolade langsam darübergießen, gefolgt von der Vollmilchschokolade. Je einen Eisstiel hineinstecken und 3–4 Stunden im Gefrierfach fest werden lassen.

4. Zum leichteren Herauslösen die Formen kurz in warmes Wasser tauchen, dann das Eis am Stiel vorsichtig herausziehen.

TIPP

Damit die Stiele in senkrechter Position bleiben, die Eisformen mit Alufolie abdecken, ein kleines Loch in die Mitte stechen und die Stiele durchstecken.

KNACKIG

Chocolate Chip Cookies

Diese leckeren Kekse entstanden 1930 in Amerika, als ein paar Schokoladenstückchen aus Versehen auf Plätzchen fielen.

Ergibt 8

Zubereitung: 10 Minuten Backzeit: 10–12 Minuten

Zutaten

175 g Weizenmehl, gesiebt
1 TL Backpulver
125 g Butter, zerlassen, plus etwas mehr zum Einfetten
80 g hellbrauner Zucker
60 g feiner Zucker
½ TL Vanilleextrakt
1 Ei, verquirlt
125 g dunkle Schokoladentropfen

1. Den Backofen auf 190 °C vorheizen. Zwei Backbleche dünn einfetten oder mit Backpapier belegen.

2. Alle Zutaten in eine große Schüssel geben und zu einem geschmeidigen Teig verarbeiten.

3. Esslöffelgroße Teigportionen mit ausreichend Abstand auf die vorbereiteten Bleche geben.

4. Im vorgeheizten Ofen 10–12 Minuten goldbraun backen. Auf einem Kuchengitter abkühlen lassen.

PFEFFERMINZ-Nuss-Splitter

Diesen schokoladigen Genuss mögen Kinder und Erwachsene gleichermaßen. Wenn Sie keine Pfefferminzstangen finden, ersetzen Sie sie durch harte Pfefferminzbonbons.

Ergibt 25

Zubereitung: 20 Minuten, plus Ruhen Kochzeit: 3–4 Minuten

Zutaten

200 g rot-weiß gestreifte Pfefferminzlutschstangen, grob in Stücke gebrochen

500 g weiße Schokolade, in Stücke gebrochen

50 g Pistazienkerne, gehackt

50 g Walnusskerne, gehackt

1. Eine rechteckige Backform (30 cm x 20 cm) mit zugeschnittenem Backpapier auslegen.

2. Die Pfefferminzstücke in einen Gefrierbeutel geben und gut verschließen. Mit einer Teigrolle auf den Beutel schlagen, bis die größeren Stücke zersplittert sind.

3. Die Schokolade in einer hitzebeständigen Schüssel im Wasserbad erhitzen, bis sie geschmolzen ist. Vom Herd nehmen und drei Viertel der Pfefferminzsplitter einrühren.

4. Die Mischung in die vorbereitete Backform gießen, glatt streichen und mit gehackten Nüssen und den restlichen Pfefferminzsplittern bestreuen. Leicht andrücken, damit alles mit der Schokolade verbunden ist. Mit Frischhaltefolie abdecken und 30 Minuten im Kühlschrank fest werden lassen.

5. Die Platte in unregelmäßige Stücke brechen. Sie können in einem luftdicht schließenden Behälter – kühl und trocken – bis zu 2 Wochen aufbewahrt werden.

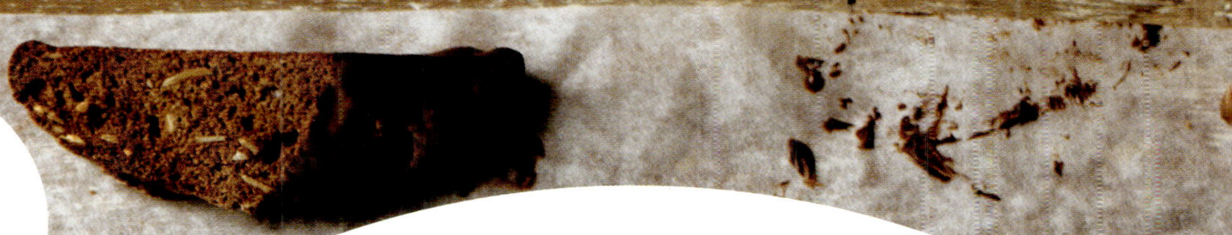

VARIANTE
Ersetzen Sie den Vanilleextrakt durch Bittermandelaroma.

Schoko-Mandel-
Biscotti mit Meersalz

Ergibt 36

Dieses zweimal gebackene italienische Gebäck ist perfekt zu einer Tasse Kaffee oder Tee am Nachmittag.

Zubereitung: 20 Minuten, plus Abkühlen   Back- und Kochzeit: 55 Minuten

Zutaten

450 g Weizenmehl, plus etwas mehr zum Bestäuben
50 g Kakaopulver
1 TL Backpulver
1 TL Meersalzflocken
300 g feiner Zucker
150 g Mandelblättchen, geröstet
4 Eier, leicht verquirlt
2 Eigelb
1 TL Vanilleextrakt
200 g Zartbitterschokolade, in Stücke gebrochen

1. Den Backofen auf 180 °C vorheizen. Ein Backblech mit Backpapier auslegen. Mehl, Kakaopulver, Backpulver, Salz, Zucker und Mandelblättchen in einer großen Schüssel mischen.

2. Eier, Eigelb und Vanilleextrakt verquirlen. Mit den Trockenzutaten zu einem weichen, glatten Teig verarbeiten.

3. Mit bemehlten Händen den Teig zu zwei 30 cm langen Rollen formen, auf das Backblech heben und im vorgeheizten Ofen 30 Minuten backen. Etwa 10 Minuten abkühlen lassen. Die Ofentemperatur auf 150 °C reduzieren.

4. Mit einem Sägemesser die Rollen schräg in 1 cm breite Scheiben schneiden. Die Scheiben auf das vorbereitete Blech legen und weitere 20 Minuten im Ofen backen. Dabei nach 10 Minuten die Scheiben wenden. Auf ein Kuchengitter heben und vollständig abkühlen lassen.

5. Die Schokolade im Wasserbad schmelzen.

6. Die abgekühlten Biscotti schräg in die Schokolade tauchen, wieder auf Backpapier legen und fest werden lassen. In einem luftdicht schließenden Behälter aufbewahren.

Schoko-Kirsch-Cookies

Ergibt 30

Das kräftige Schokoladenaroma in diesen Cookies wird optimal ausbalanciert durch die feinsäuerlichen getrockneten Kirschen – extrem lecker!

Zubereitung: 15 Minuten, plus Abkühlen Backzeit: 12–15 Minuten

Zutaten

225 g weiche Butter
140 g feiner Zucker
1 Eigelb, leicht verquirlt
2 TL Vanilleextrakt
250 g Weizenmehl
25 g Kakaopulver
1 Prise Salz
350 g Zartbitterschokolade, gehackt
50 g getrocknete Sauerkirschen

1. Den Backofen auf 190 °C vorheizen. Zwei Backbleche mit Backpapier auslegen.

2. Butter und Zucker in einer großen Schüssel hell aufschlagen. Eigelb und Vanilleextrakt einarbeiten. Mehl, Kakaopulver und Salz darübersieben und zusammen mit Schokolade und Sauerkirschen mit einem Holzlöffel einrühren.

3. Esslöffelgroße Teigportionen abnehmen und zu Kugeln formen. Mit ausreichend Abstand auf die vorbereiteten Backbleche geben und leicht flach drücken.

4. Im vorgeheizten Ofen 12–15 Minuten backen. Einige Minuten auf den Blechen abkühlen lassen, dann auf ein Kuchengitter heben und vollständig abkühlen lassen.

TIPP
Verwenden Sie hier eine Schokolade mit hohem Kakaoanteil.

Kürbisknabberei
mit Schokoladenüberzug

Diese klassische Knabberei wird statt mit Erdnüssen mit knackigen Kürbiskernen, etwas dunkler Schokolade und feinem Meersalz zubereitet.

Ergibt 10–12

Zubereitung: 10 Minuten, plus Ruhen   Kochzeit: 30 Minuten

Zutaten

300 g Zucker
50 g heller Sirup
40 g Butter, plus etwas mehr zum Einfetten
¼ TL Natron
80 g Kürbiskerne, erwärmt
50 g Zartbitterschokolade, in Stücke gebrochen
¼ TL Meersalzflocken

1. Ein Backblech dünn mit Butter einfetten. Ein großes Schneidebrett mit Backpapier belegen. Zucker, Sirup und 100 ml Wasser in einem großen, schweren Topf sanft erhitzen und mit einem Holzlöffel rühren, bis der Zucker sich aufgelöst hat. Die Butter zufügen und zerlassen.

2. Die Mischung ohne Rühren zum Kochen bringen, den Deckel aufsetzen und weitere 2–3 Minuten kochen. Den Deckel abnehmen und weiter ohne Rühren etwa 25 Minuten erhitzen, bis ein eingehängtes Zuckerthermometer 154 °C anzeigt.

3. Den Topf vom Herd nehmen. Natron und Kürbiskerne unterrühren. Achtung, die Masse kann stark aufwallen! Die Mischung behutsam auf das vorbereitete Backblech gießen und mit einer Palette zu einem Quadrat mit 30 cm Seitenlänge ausstreichen.

4. Einige Minuten abkühlen lassen, bis die Masse anzieht. Dann mit einem eingefetteten großen Messer zehn Streifen markieren. An einem kühlen Ort ganz abkühlen und fest werden lassen.

5. Die Schokolade im Wasserbad schmelzen. Glatt rühren und 10 Minuten abkühlen lassen.

6. Den Kürbiskernkrokant in lange, dünne Streifen schneiden (einige in Stücke brechen) und je an einem Ende in die Schokolade tauchen. Auf das vorbereitete Brett legen und zart mit Meersalzflocken bestreuen. An einem kühlen Ort fest werden lassen.

TIPP

Der Sirup sollte nicht zu rasch aufkochen, sonst verbrennt er schnell und haftet am Topfboden an.

Schokotaler mit Chili & Kardamom

Ergibt 40

Dieses einfache Konfekt können Sie gut mit Kindern zubereiten. In einer hübschen Schachtel ergibt es ein tolles Geschenk.

Zubereitung: 30 Minuten, plus Ruhen   Kochzeit: 5–10 Minuten

Zutaten

Dunkle Schokotaler mit Chili

200 g Zartbitterschokolade, grob gehackt

1 Msp. Chilipulver

essbarer Glitzerdekor, zum Dekorieren

Weiße Schokotaler mit Kardamom

200 g weiße Schokolade, grob gehackt

½ TL Kardamomsamen, zerstoßen

25 g Pistazienkerne, fein gehackt, plus etwas mehr zum Garnieren

essbarer Glitzerdekor, zum Dekorieren

1. Vier Backbleche mit Backpapier auslegen.

2. Die Zartbitterschokolade in einer hitzebeständigen Schüssel im Wasserbad erhitzen, bis sie geschmolzen ist. Vom Herd nehmen und das Chilipulver einrühren.

3. Mit dem Teelöffel Portionen der Schokoladenmischung auf zwei der vorbereiteten Backbleche geben. Etwas essbaren Glitzer darüberstreuen, bevor die Schokolade fest wird. Kühl (aber nicht im Kühlschrank) 1–2 Stunden aushärten lassen.

4. Die weiße Schokolade in einer hitzebeständigen Schüssel im Wasserbad erhitzen, bis sie geschmolzen ist. Vom Herd nehmen und Kardamom und Pistazienkerne untermengen.

5. Mit dem Teelöffel Portionen der Schokoladenmischung auf zwei der Backbleche geben. Pistazienkerne zum Garnieren und etwas essbaren Glitzer darüberstreuen, bevor die Schokolade fest wird. Kühl (aber nicht im Kühlschrank) 1–2 Stunden aushärten lassen. Das Schokoladenkonfekt kann in einem luftdicht schließenden Behälter kühl und trocken bis zu 5 Tage aufbewahrt werden.

TIPP

Am besten sehen die Taler in Petit-Four-Förmchen oder in Papierförmchen für Pralinen aus.

VARIANTE
Erfinden Sie eine individuelle Kombination Ihrer Lieblingsnüsse, Trockenfrüchte oder Süßigkeiten! Statt Schoko-Crispies schmecken auch Honig-Crispies.

Bananen-Toffee-Schokolade

Ergibt 700 g

Wenn diese Schokolade nicht so lecker wäre, würde man sie am liebsten gar nicht aufessen, so gut sieht sie aus.

Zubereitung: 15 Minuten, plus Ruhen Kochzeit: 10 Minuten

Zutaten

200 g Vollmilchschokolade, fein gehackt
200 g Zartbitterschokolade, fein gehackt
200 g weiße Schokolade, fein gehackt
40 g getrocknete Bananenchips
50 g weiche Sahnekaramellbonbons, gewürfelt
1 EL Schokoladen-Crispies

1. Eine rechteckige Backform (etwa 22 cm x 26 cm) mit Backpapier auslegen. Vollmilch-, dunkle und weiße Schokolade in hitzebeständige Schüsseln geben und einzeln im Wasserbad schmelzen. Dann 1–2 Minuten abkühlen lassen.

2. Die Vollmilchschokolade rasch in eine Seite der Form, die weiße Schokolade in die andere und die dunkle Schokolade in die Mitte gießen.

3. Ein Messer durch die Schokoladen ziehen, um einen Marmoreffekt zu erzielen. Bananenchips, Karamellbonbons und Crispies darauf verteilen und etwas andrücken. An einem kühlen Ort – aber nicht im Kühlschrank – etwa 3 Stunden fest werden lassen.

Cookies mit Schokolade & Macadamianüssen

Ergibt 16

Diese Cookies sind großzügig mit Stückchen weißer Schokolade und gehaltvollen Macadamianüssen belegt.

Zubereitung: 25 Minuten Backzeit: 12–14 Minuten

Zutaten

120 g weiche Butter, plus etwas mehr zum Einfetten
120 g hellbrauner Zucker
1 EL heller Sirup
175 g Mehl
1½ TL Backpulver
50 g Macadamianusskerne, grob gehackt
50 g weiße Schokolade, gehackt

1. Den Backofen auf 180 °C vorheizen und zwei große Backbleche mit Butter einfetten.

2. Butter und Zucker in einer Schüssel hell aufschlagen, dann den Sirup unterrühren. Mehl und Backpulver darübersieben, Nüsse zufügen und alles zu einem nicht zu glatten Teig vermengen. 16 gleich große Kugeln aus dem Teig formen und mit ausreichend Abstand auf die vorbereiteten Backbleche legen. Mit den Handballen leicht flach drücken.

3. Die gehackte Schokolade auf die Teigkugeln streuen und leicht andrücken. 12–14 Minuten im vorgeheizten Ofen backen, bis der Teig gar und leicht goldbraun ist.

4. 1–2 Minuten auf den Backblechen ruhen lassen, anschließend auf einem Kuchengitter vollständig abkühlen lassen.

TIPP
Falls Cookies beim Backen ineinanderlaufen, schneiden Sie die Konturen nach, sobald die Plätzchen aus dem Ofen kommen.

Dunkle Schokoriegel
mit Kirschen & Haselnüssen

Feinherbe Schokolade, fruchtige Kirschen und knackige Haselnüsse ergeben eine gelungene Kombination, die nicht nur zum Kaffee schmeckt.

Ergibt 16

Zubereitung: 15 Minuten, plus Kühlen   Kochzeit: 10 Minuten

Zutaten

70 g getrocknete Kirschen
50 g Haselnusskerne, gehackt
350 g Zartbitterschokolade, gehackt
15 g Reis-Crispies

1. Eine Backform (28 cm x 24 cm) mit Backpapier auslegen. Kirschen und Haselnüsse in einer Schale mischen.

2. Die Schokolade im Wasserbad unter gelegentlichem Rühren schmelzen. Die Schüssel aus dem Wasserbad nehmen und die Crispies unter die Schokolade rühren.

3. Die Schokolade in die vorbereitete Form füllen und mit einer Teigkarte glatt streichen. Sofort Kirschen und Nüsse gleichmäßig darauf verteilen. Mit der Handfläche leicht hineindrücken. Im Kühlschrank mindestens 1 Stunde fest werden lassen.

4. In Stücke brechen und zimmerwarm servieren.

Glutenfreie Plätzchen mit Quinoa

Quinoamehl besteht aus den gemahlenen Samen der südamerikanischen Quinoapflanze und enthält kein Gluten.

Ergibt 26

Zubereitung: 30 Minuten, plus Abkühlen   Koch- und Backzeit: 12–14 Minuten

Zutaten

50 ml Kokosöl

100 g Zartbitterschokolade (70 % Kakaoanteil), in Stücke gebrochen

50 g Quinoamehl

1 EL Kakaopulver

1 TL Backnatron

½ TL Zimt

2 Eier

150 g hellbrauner Zucker

1 TL Vanilleextrakt

1. Den Backofen auf 190 °C vorheizen. Drei Backbleche mit Backpapier auslegen.

2. Öl und Schokolade in eine hitzebeständige Schüssel geben und im Wasserbad 5 Minuten schmelzen. Glatt rühren.

3. Quinoamehl, Kakaopulver, Natron und Zimt in eine Schüssel sieben und mischen.

4. Eier, Zucker und Vanilleextrakt in einer zweiten Schüssel schaumig aufschlagen. Die Schokoladenmischung langsam unterrühren. Die Trockenzutaten einarbeiten, bis ein glatter Teig entstanden ist.

5. Teelöffelgroße Teigportionen mit ausreichend Abstand auf die vorbereiteten Backbleche geben und im vorgeheizten Ofen 7–9 Minuten backen, bis sich eine dünne Kruste gebildet hat. Die Plätzchen einige Minuten auf den Blechen abkühlen und aushärten lassen. Dann auf ein Kuchengitter heben und vollständig abkühlen lassen. Sie halten sich in einem luftdicht schließenden Behälter bis zu 3 Tage.

TIPP
Für einen sauberen Rand lassen Sie den Kuchen in der Form, wenn Sie ihn mit der Schokolade überziehen und verzieren.

Zitronenschnitten
mit weißer Glasur

Ergibt 9

Dieser feine Kuchen aus Mürbeteig und erfrischender Zitronencreme wird mit einer cremigen Glasur aus weißer Schokolade überzogen und sieht richtig edel aus.

Zubereitung: 20 Minuten, plus Abkühlen und Ruhen Back- und Kochzeit: 25–30 Minuten

Zutaten

100 g Butter, plus etwas mehr zum Einfetten
190 g feiner Zucker
120 g Weizenmehl, plus 2 EL
1 Prise Salz
½ TL Vanilleextrakt
3 Eier
1 EL fein abgeriebene Zitronenschale
100 ml Zitronensaft
100 g weiße Schokolade
25 g Zartbitterschokolade
9 frische Himbeeren

1. Den Backofen auf 180 °C vorheizen. Eine quadratische Backform mit 20 cm Seitenlänge mit Butter einfetten und mit Backpapier auslegen.

2. Butter, 50 g Zucker, Mehl und Salz in der Küchenmaschine mit der Pulse-Funktion zu feinen Krümeln verarbeiten. Den Vanilleextrakt einarbeiten.

3. Den Teig auf dem Boden der vorbereiteten Form verteilen, andrücken und 16–18 Minuten goldgelb backen.

4. Inzwischen die Eier, den restlichen Zucker, Zitronenschale, Zitronensaft und 2 Esslöffel Mehl in einer Schüssel glatt rühren. Auf den Teigboden gießen und weitere 30 Minuten im Ofen backen, bis die Füllung fest ist. In der Form abkühlen lassen.

5. Die weiße Schokolade im Wasserbad schmelzen. Etwas abkühlen lassen, dann den Kuchen damit überziehen. Fest werden lassen.

6. Die dunkle Schokolade im Wasserbad unter Rühren schmelzen. In feinen Linien über die weiße Glasur ziehen und fest werden lassen. Den Kuchen in neun Quadrate schneiden und mit je einer Himbeere garnieren.

Mini-Florentiner
mit Cranberrys & Ingwer

Diese knusprigen Bissen sind ein italienischer Klassiker und eignen sich gut als kleines Präsent.

Ergibt 48

Zubereitung: 30 Minuten, plus Abkühlen und Ruhen

Back- und Kochzeit: 15–20 Minuten

Zutaten

70 g hellbrauner Zucker
50 g flüssiger Honig
100 g weiche Butter, plus etwas mehr zum Einfetten
50 g Kokosraspel
70 g Mandelblättchen
1 EL Zitronat, gewürfelt
1 EL fein gehackter kandierter Ingwer
100 g getrocknete Cranberrys
50 g Mehl, plus etwas mehr zum Bestäuben
250 g Zartbitterschokolade, grob gehackt

1. Den Backofen auf 180°C vorheizen. Vier Minimuffinformen mit je zwölf Vertiefungen leicht mit Butter einfetten und mit Mehl bestäuben. (Jede Vertiefung sollte etwa 2 cm Ø haben. Alternativ eignen sich auch Pralinenförmchen.)

2. Zucker, Honig und Butter in einem Topf mit dickem Boden unter Rühren sanft erhitzen, bis der Zucker aufgelöst ist. Kokosraspel, Mandeln, Zitronat, Ingwer, Cranberrys und Mehl einrühren.

3. Die Mischung teelöffelweise in die Vertiefungen der Backformen füllen. 10–12 Minuten im vorgeheizten Ofen goldbraun backen. 1 Stunde in den Backformen abkühlen lassen. Herauslösen und auf ein Kuchengitter setzen.

4. Die Schokolade im Wasserbad unter gelegentlichem Rühren erhitzen, bis sie geschmolzen ist.

5. Jeden Florentiner mit der unteren Hälfte in die geschmolzene Schokolade tauchen. Mit der Schokoladenseite nach oben auf ein Kuchengitter legen und 1 Stunde abkühlen lassen. In einem luftdicht schließenden Behälter können die Florentiner kühl und trocken bis zu 2 Tage aufbewahrt werden.

Knackig

Mit ein paar ganz einfachen Techniken lassen sich aus Schokolade schöne Garnierungen herstellen. So werden einfache Kuchen zu etwas ganz Besonderem.

Spritzen

Mit einer ruhigen Hand kann man direkt auf die Oberfläche spritzen. Wenn Sie noch nicht so viel Übung haben, sollten Sie das Muster oder die Form erst auf ein Stück Papier zeichnen und dieses unter einen Bogen Backpapier legen. Füllen Sie den Beutel zur Hälfte mit flüssiger Schokolade und drehen Sie ihn zu. Mit leichtem, gleichmäßigem Druck tragen Sie nun feine Schokoladenlinien auf – mit oder ohne Schablone. Drehen Sie den Beutel zum Schluss in einer kurzen Drehung nach oben, damit die Linie sauber abreißt und nicht weitere Schokolade nachfließt. Lassen Sie das Schokoladenmotiv fest werden und heben Sie es mit einer Palette ab.

Schokolade temperieren

Durch das Temperieren werden die Schokoladenkristalle stabilisiert, die Schokolade erhält einen schönen Glanz und ist leichter formbar. Die einfachste Methode ist, die Schokolade im Wasserbad zu schmelzen, die Schüssel dann in eine größere Schüssel mit Eiswasser zu setzen, die Schokolade kalt zu rühren und dann erneut im Wasserbad zu erwärmen. **Zartbitterschokolade:** bei 32,5 °C schmelzen, auf 27–28 °C abkühlen und wieder auf 30 °C erhitzen. **Vollmilchschokolade:** bei 32,5 °C schmelzen, auf 27–28 °C abkühlen und wieder auf 30 °C erhitzen. **Weiße Schokolade:** bei 30,5 °C schmelzen, auf 27 °C abkühlen und wieder auf 28 °C erhitzen.

Röllchen und Kegel

Geschmolzene Schokolade mit einer Palette gleichmäßig auf einer Marmorplatte oder einem gekühlten Backblech verstreichen. Für Röllchen einen Spachtel im 45-Grad-Winkel ansetzen und die Schokolade von der Oberfläche schaben. Für Kegel eine Spachtelecke fixieren und die Schokolade in einer halbkreisförmigen Bewegung abschaben.

Späne/Hobel und Raspel

Späne werden von zimmerwarmer Schokolade mit einem Sparschäler von einer Kante der Schokoladentafel oder des -blocks abgenommen, Raspel von gekühlter Schokolade. Schokoladenspäne oder -raspel möglichst nicht mit bloßen Händen anfassen, sonst schmilzen sie. Verwenden Sie zum Anheben oder Anbringen besser eine Palette oder eine Teigkarte.

Blätter

Verwenden Sie als Basis ungespritzte Blätter von nicht giftigen Pflanzen; feste, glänzende Blätter von Zitrusfrüchten oder Rosen eignen sich besonders gut. Die Blätter abspülen und trocken tupfen. Eine dicke Schicht flüssige Schokolade mit einem Küchenpinsel auf die gerippte Seite auftragen. Die Schokolade fest werden lassen, dann den Stiel halten und das Blatt vorsichtig von der Schokolade abziehen.

Schoko-Hafer-Cookies

Gesunder Hafer, leckere Nuss-Nugat-Creme und knackige, aromatische Haselnüsse machen diese Plätzchen einfach unwiderstehlich.

Ergibt 15

Zubereitung: 5 Minuten, plus Abkühlen   Koch- und Backzeit: 15–20 Minuten

Zutaten

80 g Butter, plus etwas mehr zum Einfetten

175 g Nuss-Nugat-Creme

175 g zarte Haferflocken

70 g geschälte Haselnusskerne, gehackt

1. Den Backofen auf 200 °C vorheizen. Ein Backblech einfetten.

2. Butter und Nuss-Nugat-Creme in einem Topf sanft erhitzen, bis die Butter geschmolzen ist.

3. Haferflocken und Haselnüsse sorgfältig unterrühren.

4. Die Masse zu 15 gleich großen Kugeln formen und auf das vorbereitete Backblech setzen. Flach drücken und im vorgeheizten Ofen 10–12 Minuten backen. Auf dem Backblech etwas abkühlen lassen, bis die Cookies fest sind. Dann auf ein Kuchengitter heben und abkühlen lassen.

ERDNUSSCREME-türmchen

Diese süßen Häppchen sind in den USA eine traditionelle Lagerfeuerschleckerei. Sie müssen dafür jedoch keinesfalls auf den nächsten Grillabend warten.

Für 1–2

Zubereitung: 5 Minuten, plus Abkühlen Grillen: 1–2 Minuten

Zutaten

6 möglichst quadratische Butterkekse

120 g feine Erdnusscreme

90 g Zartbitterschokolade, in Stücke gebrochen

1. Den Backofengrill vorheizen. Die Kekse auf einer Seite mit der Erdnusscreme bestreichen.

2. Die Schokolade auf drei Kekse verteilen und mit den drei übrigen Keksen zu Sandwiches zusammensetzen.

3. Unter dem vorgeheizten Grill etwa 1 Minute erhitzen, bis die Schokolade zu schmelzen beginnt. Mit einer Küchen- oder Gebäckzange wenden. Vor dem Servieren etwas abkühlen lassen.

VARIANTE

Bei den Keksen können Sie auch andere einfache Sorten verwenden.

TIPP

Der Karamell ist höllisch heiß, also aufgepasst! Und lassen Sie ihn nicht aus den Augen, da er sehr schnell verbrennen kann.

Weisse Schokolade
mit Sauerkirschen & Pistazien

Ergibt 900 g

Für dieses Rezept brauchen Sie kein Zuckerthermometer, nur etwas Zeit und Geduld. Beides wird mit himmlisch knackigem Schokogenuss belohnt.

Zubereitung: 10 Minuten, plus Abkühlen und Ruhen   Kochzeit: 10–15 Minuten

Zutaten

1 EL Pflanzenöl, zum Einfetten
100 g Pistazienkerne, grob gehackt
200 g feiner brauner Zucker
100 g Butter
1 Prise Salz
300 g weiße Schokolade, gehackt
50 g getrocknete Sauerkirschen, gehackt

1. Ein Backblech oder eine eckige Backform einölen. Die Hälfte der Pistazien darauf verteilen.

2. Zucker, Butter, Salz und 120 ml Wasser in einem kleinen Topf sanft erhitzen, bis der Zucker sich aufgelöst hat. Die Mischung zum Kochen bringen. Unter gelegentlichem Rühren 5 Minuten köcheln lassen, bis der Karamell goldgelb ist.

3. Den Karamell behutsam in die vorbereitete Form über die Pistazien gießen und 20 Minuten fest werden lassen.

4. Die Schokolade im Wasserbad schmelzen. In die Form gießen und durch Schwenken auf dem Karamell verteilen.

5. Restliche Nüsse und Kirschen darauf verteilen und leicht andrücken. An einem kühlen Ort, aber nicht im Kühlschrank, fest werden lassen. In Stücke brechen und in einem luftdicht schließenden Behälter aufbewahren.

Bruchschokolade mit Minze

Diese Schokolade mit frischem Minzaroma ist sehr einfach herzustellen, sieht toll aus und schmeckt einfach herrlich. In Stücke brechen und servieren.

Ergibt 650 g

Zubereitung: 20 Minuten, plus Abkühlen und Kühlen Kochzeit: 10–15 Minuten

Zutaten

Pflanzenöl, zum Einfetten

350 g Zartbitterschokolade, in Stücke gebrochen

300 g weiße Schokolade, in Stücke gebrochen

Minzaroma (Dosierung siehe Herstellerhinweise)

grüne Lebensmittelfarbe

1. Eine Backform (etwa 33 cm x 23 cm) mit Öl einfetten und mit Backpapier auslegen.

2. Die Zartbitterschokolade in eine hitzebeständige Schüssel geben. Im Wasserbad schmelzen und glatt rühren.

3. 4 Esslöffel Schokolade in eine hitzebeständige Schale umfüllen. Die restliche Schokolade in die vorbereitete Form füllen und mit einer Teigkarte glatt verstreichen. Die Form kräftig auf eine Arbeitsfläche schlagen, um Luftblasen aus der Schokolade zu treiben. Erkalten und dann im Kühlschrank 30–40 Minuten fest werden lassen.

4. Die weiße Schokolade in eine zweite hitzebeständige Schüssel geben und im Wasserbad schmelzen. 5–10 Minuten abkühlen lassen, dann das Minzaroma unterrühren und mit Lebensmittelfarbe hellgrün einfärben. Weitere 1–2 Minuten rühren, bis die Masse eine streichfähige Konsistenz hat.

5. Die grüne Schokolade rasch mit einer Teigkarte auf der dunklen Schokolade verstreichen (die dunkle Schokoladenschicht kann dabei etwas schmelzen). Falls nötig, die restliche dunkle Schokolade nochmals im Wasserbad schmelzen, über die grüne Schokolade träufeln und für einen leichten Marmoreffekt eine Gabel durchziehen.

6. Weitere 40–50 Minuten im Kühlschrank fest werden lassen. Aus der Form lösen, das Papier abziehen und die Schokolade in Stücke brechen.

TIPP

Für das gewisse Extra zersplittern Sie 2–3 Minzbonbons und streuen Sie sie über die Schokolade, bevor sie fest wird.

Erdbeer-Millefeuille mit Schokoladencreme

Ergibt 8

Dieses feinblättrige, leichte Gebäck kommt locker-luftig daher, aber die Optik täuscht: Die Füllung entpuppt sich als herrliche Schokoladencreme.

Zubereitung: 40 Minuten, plus Abkühlen

Back- und Kochzeit: 15–20 Minuten

Zutaten

6 Filoteigblätter aus dem Kühlregal

Backtrennspray

1½ TL feiner Zucker

500 g frische Erdbeeren, in Scheiben geschnitten

2 EL Puderzucker, zum Bestäuben

Füllung

100 g weiße Schokolade, gehackt

125 g feiner Zucker

3 Eiweiß

¼ TL Weinsteinbackpulver

1. Den Backofen auf 180 °C vorheizen. Ein Backblech mit Backpapier auslegen. Ein Filoteigblatt auf der Arbeitsfläche ausbreiten und mit Backtrennspray einfetten. Mit etwa ¼ Teelöffel Zucker bestreuen. Zwei weitere Teigblätter darauflegen und jeweils einfetten und mit Zucker bestreuen. Die Teigplatte in zwölf Quadrate schneiden und auf das Blech heben. Mit den drei übrigen Teigblättern ebenso verfahren, sodass insgesamt 24 Teigquadrate entstehen. Im vorgeheizten Ofen 6–8 Minuten backen, bis die Teigquadrate Farbe annehmen. Auf dem Blech abkühlen lassen.

2. Für die Füllung die Schokolade mit 5 Esslöffeln Wasser in eine hitzebeständige Schüssel geben und unter häufigem Rühren im Wasserbad schmelzen. Beiseitestellen.

3. Den Zucker mit 125 ml Wasser in einem Topf zum Kochen bringen und etwa 5 Minuten rühren, bis ein Sirup entsteht.

4. Das Eiweiß in einer großen Schüssel schaumig rühren. Das Weinsteinbackpulver einstreuen und weitere 3 Minuten rühren, bis der Eischnee steif ist. Den warmen Sirup in einem dünnen Strahl unter ständigem Rühren zugießen, bis die Masse glänzend ist. Ein Drittel der Meringenmasse in die flüssige Schokolade rühren. Dann die restliche Meringe sorgfältig unterheben. Die Creme in eine Schüssel füllen und abgedeckt mindestens 1 Stunde im Kühlschrank ruhen lassen.

5. Acht Teigquadrate auf eine Arbeitsfläche legen und je 2 Esslöffel Schokoladen-Mousse daraufgeben. Mit vier bis fünf Erdbeerscheiben und einem weiteren Teigquadrat belegen. Die restlichen Zutaten wie beschrieben daraufschichten; mit einer Teigplatte abschließen. Mit Puderzucker bestäuben und sofort servieren.

Himmlisch

Muffins mit flüssigem Schokoladenkern

Ergibt 8

Diese köstlichen Törtchen mit ihrem flüssigen Schokoladenkern sind die ultimative Nascherei. Verwenden Sie möglichst hochwertige Schokolade.

Zubereitung: 20 Minuten, plus Abkühlen   Backzeit: 20 Minuten

Zutaten

90 g Weizenmehl
¾ TL Backpulver
1 EL Kakaopulver
60 g weiche Butter
60 g feiner Zucker
1 Ei (Größe L)
60 g Zartbitterschokolade
10 g Puderzucker, zum Bestäuben

1. Den Backofen auf 190 °C vorheizen. Eine Muffinform mit insgesamt acht Papierbackförmchen auskleiden.

2. Mehl, Backpulver und Kakaopulver in eine große Schüssel sieben. Butter, Zucker und Ei zufügen und mit einem elektrischen Handmixer zu einem glatten Teig verarbeiten.

3. Die Hälfte des Teigs in die Papierbackförmchen füllen. Mit einem Teelöffel eine kleine Mulde hineindrücken. Die Schokolade in acht gleich große Stücke brechen und in die Mulden legen. Mit dem restlichen Teig bedecken.

4. Im vorgeheizten Ofen 20 Minuten backen. Die Muffins 2–3 Minuten abkühlen lassen, dann aus der Form lösen. Warm oder kalt mit Puderzucker bestäubt servieren.

Schoko-Nuss-Marshmallow-Würfel

Diese eleganten kleinen Happen vereinen cremige Nuss-Nugat-Creme, knackig geröstete Nüsse und weiche Marshmallows.

Ergibt 25

Zubereitung: 45 Minuten, plus Abkühlen und Ruhen Kochzeit: 15–20 Minuten

Zutaten

1 EL Sonnenblumenöl, zum Einfetten

1 EL Speisestärke

1 EL Puderzucker

25 große weiße Marshmallows

3 EL Nuss-Nugat-Creme, erwärmt

25 abgezogene Haselnusskerne, geröstet

100 g Zartbitterschokolade, in Stücke gebrochen, zum Garnieren

1. Eine quadratische Backform mit 20 cm Seitenlänge leicht mit Öl einfetten. Den Boden und zwei Seiten mit Backpapier auslegen und leicht einfetten.

2. Speisestärke und Puderzucker in eine Schale sieben und die ausgelegte Form damit ausstäuben. Boden und Seiten sollten vollständig überzogen sein.

3. Die Marshmallows mit etwas Wasser in einen großen Topf geben und bei mittlerer Hitze 8–10 Minuten rühren, bis sie geschmolzen sind. Die Nuss-Nugat-Creme unterziehen.

4. Die Masse in die vorbereitete Form füllen und glatt streichen Die Oberfläche leicht mit der Stärke-Puderzucker-Mischung bestäuben. An einem kühlen, trockenen Ort ohne Abdeckung 4–5 Stunden fest werden lassen.

5. Die beiden Seiten ohne Backpapier mit einem eingeölten Messer vom Rand der Form lösen. Die Marshmallowplatte mithilfe des Backpapiers aus der Form auf ein Schneidebrett heben. In 25 Quadrate schneiden, dabei das Messer häufig abwischen und neu einfetten. Die Würfel mit der Stärke-Puderzucker-Mischung bestäuben.

6. Für die Garnierung je eine Haselnuss in die Marshmallows drücken. Die Schokolade im Wasserbad schmelzen. Glatt rühren und 10 Minuten abkühlen lassen. Die Schokolade in eine Papierspritztüte füllen und eine kleine Spitze abschneiden. Schokoladenlinien über die Marshmallows ziehen. An einem kühlen Ort fest werden lassen. Die Marshmallows halten sich in einem luftdicht schließenden Behälter bis zu 5 Tage.

TIPP
Diese Meringen ergeben mit einem Klecks geschlagener Sahne auch ein tolles Dessert.

Schoko-Orangen-Meringen

Ergibt 8

Diese tollen marmorierten, luftig-leichten Meringen schmecken einfach himmlisch und machen auch optisch großen Eindruck.

Zubereitung: 20 Minuten, plus Abkühlen   Koch- und Backzeit: 1¼ Stunde

Zutaten

100 ml Blutorangensaft
25 g feiner Zucker
2 EL Orangenlikör
rote Lebensmittelfarbe
80 g Zartbitterschokolade, in kleine Stücken gebrochen

Meringen

6 Eiweiß
350 g feiner Zucker
2 TL Speisestärke
2 TL Weißweinessig

1. Den Backofen auf 120 °C vorheizen. Ein Backblech mit Backpapier oder einer Silikonbackmatte auslegen. Orangensaft, Zucker, Orangenlikör und sehr wenig rote Lebensmittelfarbe in einen Topf geben und bei mittlerer Hitze 10 Minuten kochen, bis die Masse sirupartig eingedickt ist. Etwas abkühlen lassen.

2. Die Schokolade im Wasserbad schmelzen. Etwa 10 Minuten abkühlen lassen.

3. Für die Meringen das Eiweiß in einer großen Schüssel schaumig schlagen. Dann den Zucker esslöffelweise unter Rühren einstreuen. Speisestärke und Essig ebenfalls einarbeiten und rühren, bis die Meringe fest und glänzend ist.

4. Erst die Hälfte der Schokolade, dann die Hälfte des Sirups über die Meringe träufeln. Die Hälfte der Meringenmasse in vier großen Portionen auf das vorbereitete Backblech setzen.

5. Die restliche Schokolade und den Sirup über die in der Schüssel verbliebene Hälfte der Meringe träufeln und diese in vier weiteren Portionen auf das Backblech setzen. Im vorgeheizten Ofen 1 Stunde backen. Den Ofen ausschalten, die Ofentür einen Spalt weit öffnen und die Meringen darin trocknen und abkühlen lassen.

Dunkle Biskuitrolle
mit Himbeer-Coulis

Für 6–8

Die weiße und dunkle Schokolade und die leuchtend roten Himbeeren bilden einen wunderbaren optischen wie geschmacklichen Kontrast.

Zubereitung: 45 Minuten Koch- und Backzeit: 25–30 Minuten

Zutaten

Butter, zum Einfetten
175 g Zartbitterschokolade, in Stücke gebrochen
4 Eier (Größe L), getrennt
120 g feiner Zucker
Kakaopulver, zum Bestäuben
225 g weiße Schokolade, in Stücke gebrochen
225 g Mascarpone
Puderzucker, zum Bestäuben

Himbeer-Coulis

300 g Himbeeren
2 EL Puderzucker

1. Den Backofen auf 180 °C vorheizen. Einen Backrahmen (ca. 33 cm x 23 cm) mit Butter einfetten und auf ein mit Backpapier ausgelegtes Backblech setzen.

2. Die dunkle Schokolade im Wasserbad schmelzen. Glatt rühren und etwas abkühlen lassen.

3. Eigelb und Zucker in einer Schüssel schaumig aufschlagen. Das Eiweiß in einer zweiten Schüssel steif schlagen. Die flüssige Schokolade rasch in die Eigelbmasse rühren. Den Eischnee unterheben. Die Masse in die vorbereitete Form füllen und glatt streichen. Im vorgeheizten Ofen 15–20 Minuten backen. Einen Bogen Backpapier mit Kakaopulver bestäuben. Die Teigplatte darauf stürzen, mit einem sauberen Tuch bedecken und etwas abkühlen lassen.

4. Inzwischen die weiße Schokolade im Wasserbad schmelzen. Etwas abkühlen lassen, dann in einer Schüssel mit Mascarpone verrühren, bis die Masse eine streichfähige Konsistenz hat.

5. Das Tuch von der Teigplatte nehmen und das Backpapier abziehen. Die Teigplatte mit der Mascarponecreme bestreichen und mithilfe des unteren Backpapiers aufrollen (möglicherweise bricht der Teig etwas).

6. Für die Coulis Himbeeren und Puderzucker im Mixer zunächst glatt pürieren. Dann durch ein Sieb streichen, um die Himbeerkernchen zu entfernen.

7. Die Roulade mit Puderzucker bestäuben, in Scheiben schneiden und mit der Himbeer-Coulis servieren.

Samosas mit Schokofüllung

Die dreieckigen Teigtaschen werden meist mit herzhaften Zutaten gefüllt und dann ausgebacken. Hier haben wir sie in ein leckeres Dessert verwandelt.

Ergibt 16

Zubereitung: 1 Stunde, plus Kühlen   Koch- und Frittierzeit: 10–15 Minuten

Zutaten

250 g Schlagsahne

250 g Zartbitterschokolade, gehackt

250 g Weizenmehl

100 ml Ghee, ersatzweise Butterschmalz

Öl, zum Ausbacken

1. Die Sahne in einem kleinen Topf bei mittlerer Hitze zum Kochen bringen. Die Schokolade in eine hitzebeständige Schüssel geben und die kochende Sahne darübergießen. Rühren, bis die Schokolade geschmolzen ist. Abkühlen und 1 Stunde im Kühlschrank fest werden lassen.

2. Inzwischen das Mehl in eine Schüssel sieben. Das Ghee mit den Fingern hineinreiben, bis das Mehl gebunden ist. Wenn der Teig zu trocken ist, noch etwas kaltes Wasser einarbeiten. Bis zur Weiterverarbeitung mit einem feuchten Tuch abdecken.

3. Den Teig in 16 gleich große Portionen teilen und zu langen Rechtecken ausrollen. 1 Teelöffel Ganache an eine kurze Kante des Rechtecks setzen und die Teigstreifen mehrmals über Eck falten, sodass Dreiecke entstehen.

4. Reichlich Öl in einem großen Topf oder einer Fritteuse auf 180–190 °C erhitzen, bis ein Brotwürfel in 30 Sekunden braun wird. Die Samosas ins heiße Fett gleiten lassen und ausbacken bis sie knusprig und goldbraun sind. Portionsweise arbeiten, damit das Öl nicht zu stark abkühlt. Die Samosas mit einem Schaumlöffel herausheben und auf Küchenpapier abtropfen lassen. Warm servieren.

Schokoladen-Kirsch-Sorbet

Die Schokolade verleiht diesem Sorbet eine wunderbar samtige Textur, während die gefrorenen Kirschen für ein feinsäuerliches, fruchtiges Aroma sorgen.

Für 4

Zubereitung: 10 Minuten, plus Einfrieren und Antauen   Kochzeit: 10 Minuten

Zutaten

3 EL Stevia

25 g Kakaopulver

¼ TL gemahlener Piment

4 Kirschen, entsteint und gehackt

70 g Zartbitterschokolade (85 % Kakaoanteil), in kleine Stücke gebrochen

4 ganze Kirschen, zum Garnieren

1. 300 ml Wasser mit Stevia, Kakaopulver, Piment und gehackten Kirschen in einen Topf geben und verrühren. Bei mittlerer bis starker Hitze zum Kochen bringen.

2. Die Mischung 2–3 Minuten abkühlen lassen. Dann die Schokolade zufügen und rühren, bis sie geschmolzen ist. Die Masse in einen gefriergeeigneten Behälter füllen, den Deckel aufsetzen und 4 Stunden ins Gefrierfach geben, bis das Sorbet fest ist. Zwischendurch alle 30 Minuten mit einer Gabel umrühren, damit sich keine zu großen Eiskristalle bilden. Die ganzen Kirschen ebenfalls ins Gefrierfach geben.

3. Das Sorbet 10 Minuten vor dem Servieren zum Antauen aus dem Gefrierfach nehmen. Kugeln ausstechen und in vier kleine Dessertgläser geben. Mit den gefrorenen Kirschen garnieren und sofort servieren.

VARIANTE

Dieses Sorbet können Sie auch mit gefrorenen Himbeeren zubereiten. Geben Sie sie zusammen mit der Schokolade in Schritt 2 in den Sirup.

TIPP

Für ein begehrtes Mitbringsel können Sie diese Sauce in ein schönes Schraubglas abfüllen.

Samtige Schokoladensauce

Ergibt 600 ml

Diese einfache Sauce ist vielseitig verwendbar: ob zu Eiscreme, zum Backen, auf Pfannkuchen oder über Vanillepudding.

Zubereitung: 10 Minuten, plus Abkühlen   Kochzeit: 10 Minuten

Zutaten

175 g Schlagsahne
175 g heller Sirup
75 g brauner Zucker
40 g Kakaopulver
¼ TL Salz
175 g Zartbitterschokolade
2 EL Butter
1 TL Vanilleextrakt

1. Sahne, Sirup, Zucker, Kakaopulver, Salz und die Hälfte der Schokolade in einem Topf bei mittlerer Hitze rühren, bis die Schokolade geschmolzen ist. Die Hitze erhöhen und die Sauce einmal aufkochen. Dann die Hitze auf niedrige Stufe reduzieren und 3 Minuten unter gelegentlichem Rühren köcheln.

2. Den Topf vom Herd nehmen. Restliche Schokolade, Butter und Vanilleextrakt zufügen und rühren, bis die Zutaten geschmolzen sind. Etwas abgekühlt in ein Glas oder eine Flasche füllen.

3. Die Sauce dickt beim Abkühlen ein und sollte vor der Verwendung kurz in der Mikrowelle oder bei niedriger Hitze 30 Sekunden in einem Topf erwärmt und wieder verflüssigt werden. Sie hält sich bis zu 2 Wochen im Kühlschrank.

Schoko-Baiser-Küsse

Diese eleganten kleinen Küsse aus schokoladenüberzogenem Baiser, die im Mund zergehen, können als Kanapees serviert oder als kleines Geschenk überreicht werden.

Ergibt 40

Zubereitung: 40 Minuten, plus Abkühlen und Ruhen   Back- und Kochzeit: 50 Minuten

Zutaten

3 Eiweiß

1 TL Himbeeressig

150 g Feinstzucker

1 TL Speisestärke

2 EL Kakaopulver, gesiebt

200 g Zartbitterschokolade, grob gehackt

1. Den Backofen auf 160°C vorheizen. Drei Backbleche mit Backpapier auslegen.

2. In einer Rührschüssel das Eiweiß steif schlagen. Nach und nach teelöffelweise Essig und Zucker unterschlagen, bis der Eischnee dick und glänzend ist. Mit einem Holzlöffel Speisestärke und Kakao unterheben.

3. Die Masse in einen großen Spritzbeutel mit einer großen Sterntülle füllen und 40 Häufchen (2–3 cm Ø) auf die vorbereiteten Backbleche spritzen.

4. Die Bleche in den vorgeheizten Ofen schieben und die Temperatur sofort auf 120°C reduzieren. Gegebenenfalls in mehreren Portionen 45 Minuten backen, bis die Baisers außen knusprig sind. Von den Blechen nehmen und mit dem Backpapier auf Kuchengitter heben. 1 Stunde abkühlen lassen, dann vom Backpapier lösen.

5. Die Schokolade im Wasserbad unter gelegentlichem Rühren erhitzen, bis sie geschmolzen ist.

6. Die Backbleche erneut mit Backpapier auslegen. Den Boden der Baisers in die Schokolade tauchen und mit der Schokoladenseite nach oben auf die vorbereiteten Backbleche legen. 1 Stunde ruhen lassen. Die Schoko-Baiser-Küsse können in einem luftdicht schließenden Behälter kühl und trocken bis zu 2 Wochen aufbewahrt werden.

Kombinieren

Egal, ob für Kuchen, Desserts, Confiserien oder Getränke – Schokolade kann durch ausgewählte Zutaten noch weiter verfeinert werden.

Schokolade und Gewürze

Gewürze und Schokolade sind eine beliebte Kombination, wie schon die Azteken wussten, denn sie aromatisierten ihre berühmte Trinkschokolade, *xocolatl,* mit Chili und Zimt. Schokolade und Chili passen sehr gut zusammen – der samtige Schmelz der Schokolade gleicht die Schärfe des Chili perfekt aus. Hochwertiger schwarzer Pfeffer ist eine weitere tolle Zutat. Die feine Schärfe hält dem reichen Aroma der Schokolade stand, ist aber nicht so ausgeprägt wie die des Chili.

Milde Gewürze wie Zimt, Kardamom oder Muskatnuss wurden schon immer zum Backen verwendet. Kombiniert mit Schokolade sind sie noch aromatischer.

Salz

In der richtigen Dosierung gleicht Salz Süßes aus. Es ist eines der wichtigsten Geschmacksverstärker, und mit einer kleinen Prise Salz werden Kuchen und Desserts geschmacklich runder. Grobes Salz kann auch Texturgeber sein: knackiges Meersalz mit Zartbitterschokolade ist einfach exquisit.

Blüten

Duftende Blüten wie von Rose oder Lavendel sind vor allem mit Zartbitterschokolade ein Hochgenuss. Die gängigste Zutat ist jedoch Vanille, die fermentierte Samenkapsel einer Orchideenart. Vanilleextrakt, ob natürliches oder künstlich hergestelltes, findet sich mittlerweile in fast allen Schokoladensorten.

Früchte

Schokolade und Früchte sind eine wunderbare Kombination, ob in Kuchen und Desserts oder in Tafelschokolade. Getrocknete Früchte wie Rosinen sind klassische Partner, aber auch leicht säuerliche, aromatische frische Früchte sind ein Fest für den Gaumen.

Was passt zu welcher Schokolade

Diese Tabelle liefert Anregungen und zeigt, was sich gut kombinieren lässt.

Zutat		Zartbitter	Vollmilch	Weisse	Verwendung
Gewürze	Chili	* *	*		Desserts, Getränke, Confiserie
	Ingwer	* *	*		Kuchen, Desserts, Getränke, Confiserie
	Kardamom	* *	*		Kuchen, Desserts, Confiserie
	Muskat	*	*	*	Kuchen, Desserts, Getränke
	Pfeffer	* *	*	*	Kuchen, Desserts, Confiserie
	Zimt	*	*	*	Kuchen, Desserts, Getränke, Confiserie
Salz	Meersalz	* *	*		Kuchen, Desserts, Confiserie
Blüten	Lavendel	*	*		Desserts, Confiserie
	Rosen	*	*		Desserts, Confiserie
	Vanille	* *	* *	* *	Kuchen, Desserts, Getränke, Confiserie
Obst	Aprikosen	*	*	*	Kuchen, Desserts, Confiserie
	Bananen	* *	* *	*	Kuchen, Desserts, Confiserie
	Birnen	* *	* *		Kuchen, Desserts, Confiserie
	Erdbeeren	*	*	*	Kuchen, Desserts, Confiserie
	Himbeeren	* *	* *	*	Kuchen, Desserts, Confiserie
	Kirschen	* *	* *	*	Kuchen, Desserts, Confiserie
	Limetten	* *		*	Kuchen, Desserts, Confiserie
	Orangen	* *	* *	*	Kuchen, Desserts, Confiserie
	Rosinen	*	*		Kuchen, Desserts, Confiserie
	Zitronen	* *	*	* *	Kuchen, Desserts, Confiserie
Kräuter	Minze	* *	*	*	Desserts, Confiserie
	Rosmarin	* *			Desserts, Confiserie
	Thymian	*			Confiserie
Nüsse	Haselnüsse	*	*		Kuchen, Desserts, Confiserie
	Mandeln	*	*	*	Kuchen, Desserts, Confiserie
	Maronen	*	*		Kuchen, Desserts
	Kokos	* *	* *	*	Kuchen, Desserts, Confiserie
Gemüse	Rote Beten	*	*		Kuchen, Desserts

Schokoladiger Banana Split

Für 1

Bananen scheinen wie für Schokolade geschaffen zu sein, und auch in diesem beliebten Eiscaféklassiker gelingt die Kombination aufs Vortrefflichste.

Zubereitung: 5 Minuten Garzeit: keine

Zutaten

1 große Banane
125 ml Schokoladeneiscreme
125 ml Vanilleeiscreme
20 ml Dulce de Leche (Milchkaramellcreme)
10 g Pekannusskerne, grob gehackt
10 g Maraschinokirschen

1. Die Banane schälen und längs halbieren. Auf einen länglichen Servierteller oder eine Aufschnittplatte legen.

2. Das Schokoladeneis in Kugeln zwischen die Bananenhälften setzen. Die Clotted Cream in Nocken dazwischengeben.

3. Mit der Dulce de Leche beträufeln. Mit den Nüssen bestreuen und den Maraschinokirschen garnieren. Sofort servieren.

TIPP
Nach Belieben können Sie auch noch Mascarpone dazugeben und den Banana Split mit noch mehr Dulce de Leche beträufeln.

Schoko-Soufflés mit Karamellsauce

Dieser französische Klassiker lässt sich gut im Voraus zubereiten. Das Geheimnis liegt in der genauen Beachtung der Backzeit. Das Soufflé muss auf der Oberfläche knusprig und innen weich-schmelzend sein.

Ergibt 10

Zubereitung: 25 Minuten, plus Kühlen   Koch- und Backzeit: 17–20 Minuten

Zutaten

150 g Butter
4 EL Kakaopulver
150 g Zartbitterschokolade, grob gehackt
2 Eier
2 Eigelb
125 g Feinstzucker
25 g Mehl
Puderzucker, gesiebt, zum Bestäuben

Karamellsauce

50 g Butter
50 g hellbrauner Zucker
1 EL flüssiger Honig
150 g Schlagsahne

1. 25 g Butter in einem kleinen Topf zerlassen und zehn Auflaufförmchen damit einfetten. Etwas Kakaopulver in jedes Förmchen sieben und durch Schwenken gleichmäßig an den Seitenwänden verteilen. Überschüssigen Kakao abklopfen.

2. Schokolade und restliche Butter im Wasserbad unter Rühren erhitzen, bis die Schokolade geschmolzen ist.

3. Eier, Eigelb und Zucker in einer Rührschüssel mit dem Handmixer schlagen, bis die Mischung dickflüssig und schaumig wird und der Quirl eine Spur hinterlässt, wenn man ihn anhebt. Das Mehl darübersieben und vorsichtig unterheben.

4. Die geschmolzene Schokolade in die Eimischung rühren. In die vorbereiteten Auflaufförmchen geben, abdecken und 1 Stunde oder über Nacht in den Kühlschrank stellen.

5. Für die Karamellsauce Butter, Zucker und Honig in einem Topf mit dickem Boden 3–4 Minuten sanft erhitzen, bis die Butter geschmolzen und der Zucker aufgelöst ist. Unter Rühren 1–2 Minuten kochen, bis es nach Karamell riecht und die Mischung andickt. Vom Herd nehmen und die Sahne einrühren.

6. Den Backofen auf 180 °C vorheizen. Die Auflaufförmchen aus dem Kühlschrank nehmen und 10 Minuten auf Zimmertemperatur erwärmen. 10–12 Minuten im vorgeheizten Ofen backen, bis die Törtchen gut aufgegangen, an der Oberfläche knusprig und innen noch nicht ganz durchgebacken sind. Falls nötig, die Sauce erneut sanft erhitzen.

7. Mit gesiebtem Puderzucker bestäuben, servieren und die Karamellsauce in einem Kännchen dazu reichen.

Croissants mit Schoko-Karamell-Füllung

Leckere Croissants mal anders – ein Hochgenuss zu einer großen Tasse Milchkaffee beim gemütlichen Sonntagsfrühstück.

Ergibt 6

Zubereitung: 10 Minuten   Koch- und Backzeit: 10 Minuten

Zutaten

50 g feiner Zucker
20 g Speisestärke
1 Ei
½ TL Vanilleextrakt
200 ml Milch
6 Croissants
6 EL Schokoladensauce (Fertigprodukt oder von Seite 195)
2 EL Butter
1 Prise Salz

1. Zucker, Speisestärke, Ei und Vanilleextrakt in einer Schüssel verquirlen.

2. Die Milch in einem Topf kurz aufkochen. In die Eimasse rühren.

3. Die Eiermilch in einen sauberen Topf gießen und bei niedriger Hitze rühren, bis die Masse glatt und eingedickt ist. In eine Schüssel füllen. Die Oberfläche sofort mit Frischhaltefolie abdecken, damit sich keine Haut bildet, und 30 Minuten abkühlen lassen.

4. Die Croissants durchschneiden und die untere Hälfte mit je 1 Esslöffel Schokoladensauce beträufeln. Die Vanillecreme darauf verstreichen und die obere Croissanthälfte daraufsetzen.

5. Die Butter in einer großen Pfanne bei niedriger bis mittlerer Hitze zerlassen. Das Salz zufügen und 1 Minute erhitzen, bis die Butter leicht gebräunt ist. Die Croissants darin 1–1½ Minuten von jeder Seite leicht knusprig anbraten. Auf Teller heben und sofort servieren.

VARIANTE

Belegen Sie die Croissants zusätzlich mit Bananen- oder Erdbeerscheiben.

Schokopäckchen aus Filoteig

Filoteig ist vor allem aus der orientalischen Küche bekannt. Er ähnelt dem Strudelteig und kann auch durch diesen ersetzt werden.

Ergibt 18

Zubereitung: 15–20 Minuten, plus Abkühlen   Backzeit: 10 Minuten

Zutaten

Butter, zum Einfetten
80 g gemahlene Haselnüsse
1 EL frisch gehackte Minze
125 g saure Sahne
2 Äpfel, geschält und gerieben
50 g Zartbitterschokolade, geschmolzen
9 Filoteigquadrate (etwa 15 cm Seitenlänge)
50–80 g Butter, zerlassen
Puderzucker, gesiebt, zum Bestäuben

1. Den Backofen auf 190 °C vorheizen. Ein Backblech mit Butter einfetten. Für die Füllung Nüsse, Minze und saure Sahne in einer Schüssel verrühren. Äpfel und Schokolade sorgfältig einarbeiten.

2. Die Teigquadrate in je vier weitere Quadrate teilen. Mit Butter bestreichen und je zwei Teigquadrate aufeinanderlegen.

3. Je 1 Esslöffel Füllung in die Mitte daraufsetzen. Die Ecken der Teigblätter aufnehmen und zusammendrücken.

4. Die Beutelchen auf das vorbereitete Backblech heben und im vorgeheizten Ofen etwa 10 Minuten goldbraun und knusprig backen. Etwas abkühlen lassen.

5. Mit dem Puderzucker bestäuben und warm servieren.

Schokoladen-flammeri

Für 3–4

Von diesem herrlich schokoladigen Dessert möchte jeder am liebsten noch eine zweite Portion haben.

Zubereitung: 5 Minuten Kochzeit: 25 Minuten

Zutaten

100 g Zucker
4 EL Kakaopulver
2 EL Speisestärke
1 Prise Salz
350 ml Milch
1 Ei, verquirlt
50 g Butter
½ TL Vanilleextrakt
flüssige Sahne, zum Servieren

1. Zucker, Kakaopulver, Speisestärke und Salz in einer Schüssel mischen. Die Trockenzutaten mit 3 Esslöffeln Milch glatt rühren.

2. Die übrige Milch in einem Topf bis knapp unter den Siedepunkt erhitzen, aber nicht kochen.

3. Die Hitze auf mittlere Stufe reduzieren. Die Zuckermischung unter ständigem Rühren in die Milch im Topf gießen. Das Ei und die Hälfte der Butter unterrühren. Die Hitze weiter reduzieren.

4. Den Flammeri 5–8 Minuten unter häufigem Rühren köcheln, bis er eindickt. Den Topf vom Herd nehmen und Vanilleextrakt und restliche Butter sorgfältig unterrühren.

5. Warm oder kalt mit einem Schuss Sahne servieren. Wenn der Flammeri kalt serviert werden soll, die heiße Masse in Dessertschalen füllen und die Oberfläche direkt mit Frischhaltefolie abdecken, damit sich keine Haut bildet. Abkühlen lassen und bis zum Servieren im Kühlschrank aufbewahren.

Marshmallows mit weißer Schokolade & Minze

Ergibt 24

Die traditionelle Kombination von Minze und Schokolade wird hier in kleinen, luftigen Marshmallowhäppchen präsentiert – ideal für eine Party.

Zubereitung: 45 Minuten, plus Abkühlen und Ruhen Kochzeit: 25 Minuten

Zutaten

Sonnenblumenöl, zum Einfetten

1 EL Speisestärke

1 EL Puderzucker

25 große Marshmallows

Minzaroma (Dosierung nach Herstellerangaben)

100 g weiße Schokolade, in Stücke gebrochen

4 kleine rote Zuckerstangen oder rote Bonbons, grob zerstoßen

1. Die Vertiefungen von zwei 12er-Silikonmuffinformen einölen und auf zwei Backbleche stellen. Stärke und Puderzucker in eine Schale sieben und mischen. Die Vertiefungen damit ausstäuben.

2. Die Marshmallows mit etwas Wasser in einen großen Topf geben und bei mittlerer Hitze 8–10 Minuten rühren, bis sie geschmolzen sind. Das Minzaroma unterrühren.

3. Inzwischen die Schokolade im Wasserbad schmelzen, dann 10 Minuten unter gelegentlichem Rühren abkühlen lassen.

4. Drei Viertel der flüssigen Schokolade unter die Marshmallowmasse heben. Das Ganze in die vorbereiteten Formen füllen.

5. Die restliche Schokolade auf die Marshmallowmasse träufeln und die zerstoßenen Bonbons darüberstreuen. Ohne Abdeckung an einem kühlen, trockenen Ort 3–4 Stunden fest werden lassen.

6. Die Marshmallows vorsichtig aus den Formen drücken. Boden und Ränder mit der restlichen Stärke-Puderzucker-Mischung bestäuben. Die Marshmallows halten sich in einem luftdicht schließenden Behälter bis zu 5 Tage.

Schokotörtchen
mit Salzkaramellkern

Ergibt 4

Diese Desserttörtchen bergen einen flüssigen Kern aus Dulce de Leche, deren Aromen durch das Meersalz unterstrichen werden.

Zubereitung: 20 Minuten   Koch- und Backzeit: 20–25 Minuten

Zutaten

240 g Zartbitterschokolade, grob gehackt

100 g Butter, plus etwas mehr zum Einfetten

2 Eier

2 Eigelb

100 g feiner Zucker

30 g Weizenmehl

1 TL Meersalzflocken

4 EL Dulce de Leche (Milchkaramellcreme)

Kakaopulver, zum Bestäuben

1. Den Backofen auf 200 °C vorheizen. Vier Timbaleförmchen (à 200 ml Volumen) einfetten. 200 g Schokolade mit der Butter in einem Topf bei niedriger Hitze schmelzen und glatt rühren.

2. Eier, Eigelb und Zucker in einer großen Schüssel aufschlagen, dann in die Schokoladenmasse rühren. Das Mehl unterheben.

3. Die vorbereiteten Förmchen zur Hälfte mit der Schokoladenmasse füllen. Das Salz in die Dulce de Leche rühren und je 1 Esslöffel in die Mitte auf die Schokoladenmasse setzen. Die restliche gehackte Schokolade darauf verteilen. Mit der verbliebenen Schokoladenmasse bedecken, aber höchstens bis 5 mm unter den Rand der Form.

4. Die Backförmchen auf einem Backblech im vorgeheizten Ofen 16 Minuten backen. Die Törtchen vorsichtig auf Teller stürzen und mit Kakaopulver bestäuben. Sofort servieren.

VARIANTE

Sie können Dulce de Leche durch feine Erdnusscreme oder Schokoladenaufstrich ersetzen.

ECHTE HEISSE Trinkschokolade

DAS Getränk für kalte Wintertage! Aber Achtung: hohe Suchtgefahr, vor allem wenn man diese Schokolade noch mit geschlagener Sahne serviert.

Für 1–2

Zubereitung: 5 Minuten   Kochzeit: 10 Minuten

Zutaten

40 g Zartbitterschokolade, in Stücke gebrochen

300 ml Milch

Schokoladenraspel, zum Garnieren (nach Belieben)

1. Die Schokolade in einen hitzebeständigen Krug geben. Die Milch in einem schweren Topf zum Kochen bringen. Etwa ein Viertel der heißen Milch über die Schokolade gießen und stehen lassen, bis die Schokolade weich ist.

2. Schokolade und Milch glatt rühren. Die restliche Milch im Topf nochmals aufkochen, dann unter Rühren zur Schokolade gießen.

3. Die heiße Schokolade in Becher oder Tassen füllen und nach Belieben mit Schokoladeraspeln garnieren.

Kalte Trinkschokolade mit Haselnusslikör

So wie eine heiße Schokolade in der kalten Jahreszeit wärmt, kann eine kalte Schokolade im Sommer herrlich erfrischend sein.

Für 4

Zubereitung: 5 Minuten, plus Abkühlen Kochzeit: 5–10 Minuten

Zutaten

- 80 g Zartbitterschokolade, gehackt
- 2 EL feiner Zucker
- 1 EL Kakaopulver
- 350 g fettarme Milch
- 1 Banane
- 4 EL Haselnusslikör
- 900 g Crushed Ice

1. Die Schokolade im Wasserbad schmelzen.

2. Zucker und Kakaopulver zufügen und rühren, bis der Zucker sich vollständig aufgelöst hat. Die Schüssel aus dem Wasserbad nehmen und unter Rühren die Milch zugießen. Auf Zimmertemperatur abkühlen lassen.

3. Die Banane mit dem Haselnusslikör im einen Standmixer pürieren. Die Schokoladenmilch und Eis zugeben und alles glatt und schaumig mixen. In vier große Gläser füllen und sofort servieren.